惜別球人

プロ野球　時代を彩った男たち

プロローグ

プロ野球界で、ひとつの大きな時代が終焉を告げた。

2015年秋、例年になく大物選手の引退が相次いだ。

その筆頭は、50歳まで現役を続けた山本昌(中日)。NPB史上最年長試合出場記録、最年長登板記録などの最年長記録を更新した球界のレジェンドだ。

プロ野球の世界に入ったのは、なんと1983年。この年、任天堂が初代ファミリーコンピュータを発売し、東京ディズニーランドが開園した。そう考えると、時代の移ろいを感じざるを得ない。

同じく投手では、勝利数2位の西口文也(西武)や、日米通算で100勝100セーブを達成している斎藤隆(楽天)、最優秀防御率のタイトルも獲得した高橋尚成(DeNA)らもユニフォームを脱いだ。

打者として現役の安打数で上位3人を占めていた、小笠原道大と和田一浩、そして谷繁元信(いずれも中日)が引退、さらに同6位の谷佳知(オリックス)も15年シーズン限りでユニフォームを脱いだ。

そして中嶋聡（北海道日本ハム）も引退。山本昌や谷繁らとともに、昭和時代にNPB加盟球団へ入団した現役選手は投手・野手ともにいなくなった。昭和が終わりを告げた。

松坂世代と称された1980年生まれのゴールデンエイジも、大きな過渡期を迎えている。松坂大輔の苦闘は既報の通り。木佐貫洋（北海道日本ハム）、東出輝裕（広島）、森本稀哲（西武）らが引退を決意した。

そして。

10月23日、電撃的な発表があった。

髙橋由伸（巨人）の現役引退と監督就任——。

ひとつの時代の終わりは、新たな時代のはじまりを意味する。

今回の取材で谷佳知は言った。

「時代が終わった、ということは、僕らが指導者になる新しい時代でもあるんです」

そこに想いを馳せながら、6人の深淵なるアンソロジーを楽しんでいただきたい。

ミライカナイブックス　編集部

目次

P2
プロローグ——文＝編集部

P7 第1章
届かなかったあと1勝 〜50歳の野球少年が見てきた光景〜
山本 昌（中日）
Masa Yamamoto
文＝松田裕司（スポーツライター）

P43 第2章
そして、日記は3冊目に——。
木佐貫 洋（巨人—オリックス—北海道日本ハム）
Hiroshi Kisanuki
文＝長谷川晶一（ノンフィクション作家）

P81 第3章
野球小僧に聞こえたある『福音』
東出 輝裕（広島）
Akihiro Higashide
文＝五反田康彦（中国新聞社 記者）

P123
第4章
悔しさとともに積み上げた3021試合
谷繁 元信（横浜―中日）
Motonobu Tanishige
文＝宇佐美圭右（スポーツライター）

P167
第5章
生涯タテジマを貫いた男の真実
関本 賢太郎（阪神）
Kentaro Sekimoto
文＝松下雄一郎（デイリースポーツ 記者）

P215
第6章
現役最後まで失わなかった感覚
谷 佳知（オリックス―巨人―オリックス）
Yoshitomo Tani
文＝矢崎良一（スポーツライター）

第1章

届かなかったあと1勝
~50歳の野球少年が見てきた光景~

山本 昌（中日）

Masa Yamamoto

文＝松田裕司（スポーツライター）

山本 昌（やまもと・まさ＝本名・山本昌弘）

1965年（昭40）8月11日、神奈川県生まれ。日大藤沢高から83年ドラフト5位で中日に入団。プロ入り5年目の88年9月16日のヤクルト戦でプロ入り初完投・初完封。94年には沢村賞を受賞するなど中日の投手陣を牽引した左腕は、06年9月16日の阪神戦でノーヒットノーランを達成、41歳1カ月での達成はプロ野球最年長記録となった。08年8月4日には巨人戦で完投し200勝を達成、42歳11カ月で名球会入りした。通算219勝、最多勝3度、最優秀防御率1度、最多奪三振1度、ベストナイン2度など数々の輝かしい記録と年長記録を残し、32年間の現役生活を終えた。

年度別成績

年度	所属球団	登板	勝利	敗北	セーブ	ホールド	完投	完封勝	無四球	勝率	打者	投球回	安打	本塁打	四球	死球	三振	暴投	ボーク	失点	自責点	防御率
1986	中日	1	0	0	0		0	0	0	.000	5	0.2	2	1	1	0	2	0	0	2	2	27.00
1987	中日	3	0	0	0		0	0	0	.000	11	1.2	2	0	4	0	1	1	0	3	3	16.20
1988	中日	8	5	0	0		2	2	0	1.000	184	48.2	28	1	13	1	35	0	0	4	3	0.55
1989	中日	35	9	9	1		5	2	1	.500	757	181	172	14	56	2	108	3	0	66	59	2.93
1990	中日	26	10	7	0		6	1	0	.588	646	152	154	23	45	4	77	5	0	67	60	3.55
1991	中日	33	6	8	1		2	0	0	.429	618	144	158	14	43	3	96	1	0	73	58	3.63
1992	中日	30	13	10	0		5	2	0	.565	709	170.2	158	22	49	2	135	3	0	73	65	3.43
1993	中日	27	17	5	0		10	5	1	.773	710	188.1	140	16	30	3	132	1	0	46	43	2.05
1994	中日	29	19	8	0		14	2	2	.704	868	214	203	19	46	0	148	1	0	86	83	3.49
1995	中日	12	2	5	0		3	1	0	.286	302	74.2	70	15	17	1	61	1	0	43	40	4.82
1996	中日	26	7	9	1		6	2	0	.438	647	154.2	159	17	38	3	119	4	1	72	63	3.67
1997	中日	29	18	7	1		4	1	1	.720	838	206.2	174	26	57	3	159	1	0	74	67	2.92
1998	中日	28	9	9	0		5	3	0	.500	769	182	185	14	60	2	131	1	0	74	74	3.66
1999	中日	25	8	5	0		1	0	0	.615	661	158.1	149	16	44	3	116	1	0	55	52	2.96
2000	中日	28	11	9	0		5	2	1	.550	608	151.2	129	16	36	2	104	3	0	50	44	2.61
2001	中日	28	10	13	0		2	2	1	.435	672	163.2	160	12	44	2	98	3	0	69	66	3.63
2002	中日	21	7	6	0		1	0	1	.538	352	86.1	90	10	9	0	67	1	0	40	38	3.96
2003	中日	26	9	7	0		0	0	0	.563	653	156	156	19	35	9	121	1	0	69	62	3.58
2004	中日	27	13	6	0		1	1	0	.684	653	157	153	16	43	2	120	2	0	56	55	3.15
2005	中日	22	7	8	0	0	0	0	0	.467	513	116	137	12	31	8	69	2	0	63	63	4.89
2006	中日	27	11	7	1	0	3	2	1	.611	686	170.2	147	11	36	6	124	2	0	65	63	3.32
2007	中日	19	2	10	0	0	1	1	0	.167	469	108.1	124	13	27	4	71	0	0	68	61	5.07
2008	中日	23	11	7	0	0	2	0	1	.611	544	133.2	127	15	26	2	84	1	0	54	47	3.16
2009	中日	6	1	4	0	0	0	0	0	.200	137	27	45	5	12	0	14	1	0	34	32	10.67
2010	中日	8	5	1	0	0	1	1	0	.833	205	47.2	55	4	12	3	28	1	0	20	17	3.21
2012	中日	13	3	2	0	0	0	0	0	.600	264	67.1	52	4	19	2	40	2	0	22	22	2.94
2013	中日	16	5	2	0	0	0	0	0	.714	314	70.2	80	6	28	1	39	2	0	37	35	4.46
2014	中日	3	1	1	0	0	0	0	0	.500	60	14	16	0	3	1	9	1	0	8	7	4.50
2015	中日	2	0	0	0	0	0	0	0	.000	7	1.1	1	0	2	0	2	1	0	1	1	6.75
	通算	581	219	165	5	0	79	30	10	.570	13862	3348.2	3226	341	866	69	2310	46	1	1394	1285	3.45

10月7日のセ・リーグ最終戦となった広島対中日。4位のカープが勝てば、阪神をかわし、3位決定となる。マツダスタジアムは、クライマックスシリーズ進出をこの目で見ようというファンで、異様な盛り上がりを見せていた。だが、一回裏のカープの攻撃が始まろうとしたときだけは、特別な時間が空間を支配していた。マウンドには、先発の50歳左腕。すべての視線が注がれていた。プロ入り32年目。引退表明をしていたドラゴンズの山本昌が、最後の登板の準備をしていた。

「打者1人だったからね。今までは『何回まで投げなきゃいけない』とか『失敗したくない』とか『KOされたくない』とか思って、勝手に緊張していたけど、今回は何もない。中日の順位も5位で決まっていたし、『フォアボールでもいい』、『ホームラン打たれてもいい』。カープさんに迷惑だけかけなければ、と思っていました」

だが、やはりプロ野球選手。元来の闘争本能に火が点いた。

「（1番の）丸君がネクストバッターズサークルで素振りしている姿が目に入ると、『あっ、抑えたいな』、『なんとか抑えたい』と思っちゃったんだよ」

カクテル光線を浴びた背番号34のスイッチが、入った。注目の第1球は、ワンバウンドでボール。115キロのスクリューだった。真剣勝負を挑んだが、手負いの状態でもあった。前年の2014年9月5日の阪神戦（ナゴヤドーム）では、49歳25日で、浜崎真二が持つプロ野球最年長勝利記録（48歳148日）を64年ぶりに更新した（注1）。だが、15年の今季は、1軍初登板となったヤクルト戦（ナゴヤドーム）で、投球時に左手人差し指のじん帯を痛めるアクシデントで、負傷降板。このけががもとで、引退を決断。登板当時も指には痛みが残っていた。

唯一投げられた球種が、人差し指に負担をかけないスクリュー。右投手のカーブのように、右打者の外角で逃げながら、沈んでいく。山本昌の代名詞ともいえるボールだった。

「これもなにかの縁だよね。僕を支えてくれたスクリューボールしか投げられなかったというところがね」

野球一筋でがんばってきた男へ、神様の粋な計らいだったのかもしれない。

「全部スクリュー。1球目はワンバウンドで、やばいって思ったけど、2球目は際どいところに投げようとして、思い通りだったけど、低めに外れてボール。（カウント2ボールになり）フォアボールはつまんないから、高めでもと思って、ストライクを投げたら、丸君が振ってくれた」

ダイナミックに振りかぶるワインドアップから、巨体をゆるがし、3球目を投げ込んだ。真ん中高めの117キロ。ボテボテのセカンドゴロを目で追った。一塁手・森野が二塁手・亀沢からのボールを受け取る。任務完了を確認すると、すぐさま帽子を取った。もううっすらと、涙がにじんでいた。

長年バッテリーを組んできた谷繁監督もマウンドにかけ寄った。ベンチには、登板予定がないにも関わらず、名古屋から駆けつけてくれた岩瀬や山井らの姿もある。そして…。三塁側ベンチ前で花束を持ち、待つ妻・美智子さんに視線を移すと、人目もはばからず、号泣した。

米大リーグのジェイミー・モイヤー（注2）の持つ49歳180日という世界最年長勝利記録更新こそならなかったが、自身が持つプロ野球最年長登板記録を50歳57日に伸ばした。温かい拍手に包まれて、背番号34がグラブで泣き顔を覆いながら、ベンチに下がった。

球界レジェンドの知られざる苦闘

引退は、すべての選手に訪れるが、この男の引き際には、特別な重みがあった。前年は、49歳25日でプロ野球最年長記録更新。オフのイベントには引っ張りだこ。『レジェンド』という言葉が、年末恒例の流行語大賞にノミネートされ、授賞式にも招待されるなど、お茶の間にもその存在を知られるところとなった。働き盛りのサラリーマンに勇気を与えるその姿は、いつしか〝中年の星〟として定着した。

年が改まり、2015年。否が応でも、世界最年長勝利記録更新の期待が高まっていた。

「練習は休めないよね。僕の場合、年齢が年齢だから、油さしとかないと、動かなくなっちゃうから」

趣味のラジコンに例えて、自身をこう表現する。とにかく練習を休まない。チームが練習休みであろうと、ナゴヤ球場などに顔を出し、トレーニングで汗を流す。中日が毎年2月に行う沖縄キャンプでも、若手さえも体を休める休日にも、2軍が中心に練習を積む読谷球場に向かう。選手宿舎から球場までは約2キロ。移動はバスではない。米軍基地前のこじんまりした2軍選手のホテルから、車の少ない田舎道をただただ大きなストライドで歩いて行く。見慣れた風景に、地元の中学生も声をかけてくる。これが、沖縄キャンプでの日課。練習を終えると、帰りも、せっせと歩く。これもトレーニングの一環。そんな休まない男の滑り出しは、順調そのものだった。

しかし、思いもかけない試練が待っていた。3月3日、ソフトバンクとの教育リーグでの試合。初の実戦登板だった。四回から2番手で、名前がアナウンスされる。2軍中心の試合にもかかわらず、ナゴヤ球場のスタンドからは、大きな応援やゲキが飛ぶ。そんな盛り上がりが、一瞬でかき消された。

「ゴリッ」

そんな音がしたという。初球を投げ、膝に異変を感じた。とっさに顔をしかめた。マウンドに残っていた投手が掘った穴に、右脚をとられ、膝を負傷した。診断名は右膝蓋じん帯炎。あっけなく、開幕が絶望となった。

「調整が遅れるとは思ったけど、それで辞めようとは思わなかったですね」

手痛いアクシデントにも、くじける気配さえなかった。そう言わしめたのは、それだけ自身の状態に、自信があったから。前年は、「変わらないと面白くないじゃん」と、新球カットボールの習得を目指したが、本来のフォームが崩れ、ボールのキレを失った。「あれは失敗だった」と、調子を取り戻すことに、長い時間を費やした。

その反省から、原点回帰した。調整に自信があっただけに、後ろ向きになる必然がなかった。「けがさえ治れば」と前向きに考え、地道なリハビリに集中した。6月18日のウエスタンの阪神戦（鳴尾浜）で実戦復帰。その後、順調に投球回数を伸ばし、戦闘態勢を整えていく。

そして、7月30日に北神戸で行われたオリックス戦を迎える。7度目の2軍での登板だった。2軍戦は屋外のデーゲームがほとんど。気温は30度を超える猛暑。うだるような湿度も襲ってきた。マウンドは、立っているだけでも汗が噴き出るような過酷なコンディションだったという。だが、6回を83球でまとめ、7安打1失点で切り抜けた。慣れない送りバントも決め、勝ち投手に。夏に強いと言われた夏男の本領発揮で、念願の1軍切符を手に入れた。

CHUNICHI

2015年06月18日撮影

誕生日まであと2日となった8月9日に、待ちに待ったチャンスが訪れた。49歳最後のマウンドが、シーズンの1軍初登板となった。谷繁監督2年目の中日は、6位と低迷していたが、歴史的瞬間を見ようと、ドラゴンズファンが、プロ野球ファンが、ナゴヤドームに集結した。3万7634人と、超満員。世界記録への期待感が、スタジアムに充満していた。

2軍最終登板の好調さが、そのまま現れていた。ヤクルトの1番・比屋根の初球は、得意のスクリューでストライク。大歓声がわき起こる。次も内角に真っすぐでストライク。2球で追い込んだ。そして、3球目。スクリューが外角でスッと落ちた。バットが空を切り、三球三振。最高の出だしとなった。その後、死球と1安打に、暴投も絡み、犠飛で1失点。それでも、2奪三振も記録した。球場に、メモリアル達成の予感が漂っていた。

だが、二回に突如事態が暗転する。先頭の大引に3球目を投じたときだった。山本昌が左手を挙げ、タイムを要求。マウンドでは、しきりに手を気にする仕草を見せている。トレーナーに付き添われて、ベンチに下がった。スタンドがざわつく。しばらくして、ピッチャー交代が告げられた。投球時に、左手人差し指を体に当て、突き指。わずか22球で無念の緊急降板となった。

「あれは申し訳なかった。何をしに来たんだという感じだった」

翌日から、ナゴヤ球場で再びリハビリが始まった。この時点でも引退は、頭になかったという。

「突き指だから、早く治るものだと思っていたから」

だが、指の腫れは簡単に引かず、キャッチボールもできない状態が続いた。症状は改善されず、時計の針だけが進んでいく。迫りくる引退の文字に、いつもは明るい50歳も、口数少なくなっていった。

「報道陣のみなさんには、毎日来ていただいたんだけど、（引退するとか、しないとか）答えようがなかったんです」

不世出の大投手が引退を決断した真相

決断の転機となったのが、９月２日だった。ナゴヤ球場に隣接する選手寮に、２００４年から11年まで中日監督をつとめた落合博満ＧＭが訪ねており、言葉を交わす機会があった。

「通りすがりだったけど、『俺は50まで契約したぞ。後は自分でしっかり考えろ』と、言われたんです。それは『引退は自分が決めればいい』という感じでした。ただ『よく考えろ』ということは、『チームの状況も見てくれ』ということだとも感じました。チームを預かるGMとしては、『お前がやるのは止めないけど、今の状況も考えてくれ』ということだったと思うんです。GMは心の中では『チームを大きく変えなきゃいけない』と思っているんだなと」

自称〝諦めの悪い男〟の闘争心にも、微妙なすきま風が差し込んでいく。そして、9月24日、中日がナゴヤドームで本拠地最終戦を迎える。

「でもそこで、（引退を）決めようとは思っていなかったんです。できるか、できないか、決めるのは自分だったけど、けがのこともあって、すぐには決められなかった。だから、10月2日の広島との最終戦（雨天延期で7日になる）までは『がんばろう』と。それから決めようと考えていたんです」

だが、24日に本拠地を訪れたベテランは、思わぬ感慨にとらわれる。目の前では、43歳の和田が、引退試合でナインに胴上げされていた。現役引退を表明していた44歳の谷繁監督も、ファンの前に、チームを代表して、低迷の反省と来季への意気込みを口にしていた。

「谷繁監督とベンちゃんの引退試合を見て、ベンチの状態とか、ロッカーの状態を見て、自分の指も見て、『ああ、これは今年はもう無理だ』と諦めたのが、この24日でした。僕より、ちゃんとやっていた谷繁監督やベンちゃんが辞めるのに、俺がいる理由はないなって。彼らがやらないのに、なんで俺ができるんだろうと。自分も身を引かなきゃいけない、と思ったのも、その日でした」

誰知れず、ひっそりと、50歳が大きな決断を下した。日常生活を支えてくれた妻・美智子さんには、同日夜に「辞めると思う」と打ち明けた。そして、30日。スーツ姿と晴れやかな笑顔で、テレビの前でファンに引退を報告した。

「悔いはありますけど、後悔はしていません。自分でも、これ以上の筋書きをつくれと言われても、無理というくらいの野球人生を送らせてもらいました。自分は本当に幸せな野球選手だったと思います」

結果的に、落合ＧＭのひと言をきっかけに、大きな決断が下された。以前は監督、引退のときはGMという立場。余談になるが、選手対選手というときを共有したこともあった。選手落合は、1986年オフにロッテと中日の間で、1対4で行われたトレードで、ドラゴンズに移籍。93年までチームメートとしてプレーした。そして、93年オフに、フリーエージェント（FA）制度を利用し、巨人に移籍。94年から96年までのジャイアンツ時代に、バッターとして対戦したことがあった。

「中日にいたときは、かわいがっていただいたけど、そりゃ雲の上の存在。ましてやバッターとしては、『打たれて当然』と思っていましたよ」

初対戦は、1994年4月20日のナゴヤ球場だった。巨人落合への第1打席は二ゴロに打ち取ったが、実は「よく覚えていない」。しかし、格の違いを見せつけられた。第2打席では、スライダーを左翼席に本塁打。3打席目も左前打を食らった。1年目は19打数7安打、2本塁打、9打点と打ち込まれた。

「（捕手の）中村武志とは、（なかなか奪えない）見逃し三振を取ろうと言い合って、やってきたんだけど、結構打たれてたんだね」

胸を張った試合もあった。94年7月12日の北海道・円山球場。相手先発はエース斎藤雅樹で、4番は当然、落合だった。

「あの試合のことは、よく覚えている。落合さんを抑えないと勝てない、ということが頭にあった。それを全部抑えられた」

遊撃へのライナー、ライトフライ、ピッチャーライナーと、3打席とも完ぺきに抑えた。5試合目の対戦で、初めて打点ゼロに封じ込めた。しかも、1―0のしびれる完封劇。記憶に残る試合となった。結局、3年間で34打数11安打、打率・324、3本塁打、13打点が〝レジェンド対決〟の戦績だった。

初代ファミコン発売時からプロで投げ続けた

32年間で登板した試合数は、581。意外にもこの数字は、プロ野球では歴代45位と、かすんでしまう。だが、32年前からずっとユニホームを着続けていたことを考えると、気の遠くなる時間の流れを思い知る。

「野球を引退して、入団当時のことを考えると、ふた昔前のことに感じる」

山本昌は、1983年に神奈川・日大藤沢高からドラフト5位で中日ドラゴンズに入団した。当時、発売されたのが、家庭用ゲーム機のはしりであるファミリーコンピュータ。いわゆるファミコンだ。

「俺もあれは、買ってきて、寮でよくやったよ。ファミスタとかの野球ゲーム。ドラゴンクエスト（注3）もよくやったなぁ。復活の呪文を間違えて、『台無しだよ』、とか言ったりね。今は、データ保存の機能がしっかりしてるけど、あのころは、復活の呪文を書かなきゃダメだったから」

目を細めながら振り返ったが、今や骨董品的価値しかないであろう初代ファミコンは、2003年9月には生産停止に。かたやファミコン世代のサウスポーは、それから12年もプロの世界で生きながらえたのだから、そのすごさに恐れ入る。長寿故に、ここ数年はマウンドに立つたびに、最年長にまつわる記録を書き換えてきた。最年長登板記録、最年長先発記録などなど。そして、2015年、世界最年長勝利という栄えある記録に挑戦する機会を得た。50歳で投げるだけでも驚き。さらに、子供のような年齢の相手に、真剣勝負を挑み、勝つ。漫画の世界のような夢が、背番号34に託された。だが、当人はとまどいも感じていた。

「辞めたときに、世界記録が目の前にあるから、『もったいない』って言う人もあるけど、記録のためだけにやるのは、ちょっと違うと思う。優勝したくて、野球をやってきましたから。記録のためだけに、もう1年やらしてもらうのは、違うんじゃないかと」

ならば、こうも考えることもできないか。世界記録を達成した50歳も、通過点に過ぎないという風にも。

「ずうずうしいんですけど、僕はずっとプレーヤーとして、野球をやりたかった。今だから言えるというのは、あるんですが、今年は去年と違って、調子がよかった。だから、初登板がダメでも、5試合ぐらいは投げられると思っていたし、2つ3つ勝てば、3連勝、4連勝で、『来年も戦力で』ってことになれば、やったかもしれません。けがさえしなければ、55歳までは投げられると思っていました。これは適当に言っているんじゃない。僕は45のときからの5年を知っていますから。あのとき、50がイメージできたから、50の今も55がイメージできる」

この言葉から、山本昌という男のすさまじさがうかがえる。記録のための50歳登板を考えているのではない。偽らざる本心。周囲は、50歳の世界記録達成に、「おつかれさん」と、声をかけて、引退への花道と考える。だが、当人ははるかその先、東京五輪が開催される2020年の登板まで見すえているのだから、前人未到の道を進んできた男は、けた違いの自信と信念を持っている。

「でも、あそこで勝って、また負けていたら、間違いなく引退でしょうね。そう思えば、50というのは、大きな区切りだったと思う。50までがゴール地点だったのかなと。周りもね。僕はゴール地点と思っていなかったけど、周りがね。大きな区切りだと思っていたこともありますよね」

考えてみれば、山本昌という選手は、40を超えてから、常に引退と隣り合わせだった。2011年の45歳には、キャンプ中に右足首を痛め、登板がないまま、手術に踏み切った。だが、不屈の精神で翌年にはカムバックをとげ、3勝。その翌年にも5勝を挙げている。試練が訪れても、〝諦めの悪さ〟で苦境を乗り越えてきた。記録はあとからついてくるもの。それより、「野球をずっと続けたい」という執念が、常にベテランを突き動かす原動力になっていた。

引退について面白いエピソードがある。これほどの大物選手になると、引退を決断すると、ニュースで報道される前にお世話になった関係者に、連絡するのが慣例となっている。決断後にはすぐ、携帯電話を手に、ずっと電話やメールを続けることになる。結果的に都合2日間かかったのだという。プロ野球選手は、簡単に辞められない。では、最初に連絡したのは誰だったのだろうか？

「星野さんですよ。実家より先に電話しましたから」

現在楽天の副会長をつとめる星野仙一――。山本昌を育ててくれたのが、星野さんであれば、しかり飛ばしてくれたのも、星野さんだった。中日監督時代は、言葉より先に、拳が飛んでくるときもあった。

「俺はお前らを信頼はしとるけど、信用はしとらん、と言っておられた。うまいこと言われるなと。でもよく我慢して、僕なんかを使っていただいた」

219勝を支え続けたハムサンド

少し時計の針を巻き戻す。22歳の山本昌は、そんな恩師の決定に言葉を失い、泣き崩れていた。１９８８年2月のことだ。

アメリカ・フロリダ州のベロビーチ。保養地として知られた土地には、大リーグのドジャースが広大な敷地にいくつもの球場とトレーニング施設を兼ね備える

「ドジャータウン」が形成されていた。当時、中日ドラゴンズはドジャースと業務提携していた。チームは同地で春季キャンプを終え、帰国しようとしていたが、当初より若手を修行のため、ドジャース傘下1Aのベロビーチ・ドジャースに残すことを考えていた。白羽の矢が立ったのが、山本昌。だが、本当の理由は少し違った。星野監督は、若手有望株の西村英嗣（ひでつぐ）を推した。そして「一人ではかわいそうだろう」と、付き添いに山本昌も選んだというのが真相。当人もその意味を理解していた。高卒とはいえ、4年間未勝利。「島流しでクビ」を覚悟した。

「最初はホームシックになりましたね。みんないなくなって、言葉もわからないし。手紙を書いたりしました。インターネットも携帯電話もない時代ですから。電話したかったけど、『値段が高いから手紙にしろ！』と言われたんでね。日本のカップラーメンを送ってもらってましたよ」

絶望と、不慣れな異国での生活に、しばしば落ち込んだ。だが、すぐに野球漬けの日々が、寂しさを吹き飛ばしてくれた。周りには、アメリカンドリームを夢見るハングリー精神あふれる若手選手が野球を謳歌していた。

この環境が、日本で「打たれたらどうしよう」と萎縮していた若者と、化学反応を起こした。持ち前の明るさで、〝マサ〟は徐々に適応していった。ドジャースのオーナー補佐兼国際担当まで上りつめた熱血漢・アイク生原（注3）との出会いも、野球への情熱をかき立ててくれた。とにかく米国という土地、そして仲間にマッチした。それが、マサの野球人生を大きく変えることになった。

「チームメートは、みんな年下だったけど、日本から野球留学してきた僕らに、気を遣ってくれた。言葉はお互い、わからなかったけど、単語を一生懸命つないで、こうこうだよ、って教えてくれてね。僕も単語でしか返せなかったけど、そんな風にして、なんとかコミュニケーションを取っていった。みんな明るくていいチームだった。僕も成績が伴ってくると、チームの中心になっていって、みんなと晩ごはんを食べに行ったりね。休みはほとんどなかったけど、ディズニーワールドに、行ったね。ビーチにも出かけたりしたんだよね。バスの中でふざけ合ったりね。あのころは、楽しかったなぁ」

偶然のきっかけが、生涯を変えることもある。アメリカでの先生役であるアイクさんが、マサにスクリューボールの習得を勧めた。見本はメジャーで通算173勝することになるフェルナンド・バレンズエラ。だが、ブルペンで見た手本があまりにすごすぎて、ものにすることなく終わった。それから数ヶ月、同僚野手が、遊びで投げていたボールを見て、新たなインスピレーションが襲った。

「あれなら、俺にもできるんじゃないか」

1度は習得を断念したスクリューボールだった。伝家の宝刀を手に入れてからは、快進撃。日本人とは比べようもない巨体の強打者から、面白い様に空振りが取れた。同僚の西村が11勝を挙げれば、マサはチームトップの13勝（7敗）を挙げ、チームをプレーオフに導いた。1Aのオールスターゲームにも選出された。結局、出場はなかったのだが…。「ちゃちいものだったけど」と話した記念の時計は、今も家の段ボール箱の中に、大事に保管されている。

夢の対決もあった。

「サミー・ソーサともやったこともあるんだよ。19歳のときにね。抑えたんだけど、ヒットも打たれたな。2打数1安打」

ソーサと言えば、1998年に、大リーグでマーク・マグワイアと繰り広げたし烈な本塁打王争いが思い出される(注5)。そのときには、お互い日米で野球ファンの記憶に残る名プレーヤーになるとは、露ほども思っていなかっただろうが。

22歳のとき野球留学していた、ベロビーチドジャースの帽子を懐かしそうにかぶる山本昌

マイナーリーグでは、当たり前のバス移動でも、人気者だった。日本で未勝利の男が、初めてチームの輪の中心にいた。

「チームと仲間が、本当に好きだった。アメリカ人の率直さというか、そういうものには、すっかり惹かれましたね」

そんな楽しき日々も、長くは続かなかった。活躍を聞きつけた星野監督から〝召集令状〟が届いた。

「8月終りごろだったか。こっちでは9月1日からプレーオフがあって。前期優勝していたので、プレーオフに出られるということで、楽しみにしていたんです。『日本に帰りたい』という気持ちも、もう無くて。みんなによくしてもらって、そういう中で『がんばりたい』、と心底思っていましたから。アイクさんから『日本に帰るぞ!』って言われて、『何でですか? 別にいいじゃないですか。こっちで最後までやります!』って言い返しましたよ。でも、『日本ではドラゴンズが優勝争いしてるぞ』って。新聞が1週間遅れて届くので、知っていましたけど。僕は、最後まで『こっちで投げたいです!』って言い張ったんですけどね」

球場に向かうバスの前で、チームメートと最後のお別れをした。監督が「ヤマは日本に帰ることになった」と話すと、「何で行くんだよ。一緒に戦おうぜ！」と言ってくれる同僚もいた。「初めてプロで通用した」という自負からくる責任感と、仲間への熱い思いが、交錯した。またも涙。大の男たちが、肩を叩いて、泣き合っていた。

「もう会えないんだ…と思うと、急に涙がこみ上げてきて」

日本に戻ると、魔球スクリューを武器に、6試合に先発し、5勝0敗と白星を重ねた。日本で無名だった背番号34の伝説が、スタートした。原点を今でも、懐かしく思い起こすときがある。

「あのときのチームは、今でも思い出すんです。チームメートで同窓会したいなぁなんて思ってね。今年の沖縄キャンプで報道陣に話したことがあるんです。世界記録を作ったときに、『俺はまだ現役でやってるぞ！』って、仲間に発信したかったんだけどね」

運命のいたずらか、その後、チームメートだったデーブ・ハンセン（現エンゼルス打撃コーチ補佐）は阪神タイガースに、ブライアン・トラックスラーはダイエーに入団。予期せぬ再会を喜ぶことになったのだが。

アイクさんの教えや、同僚の勝利への執念、様々なものを米国で吸収したが、今でも体に染みついたルーチンがある。

「食事が合ったのも大きかったと思う。だって、10キロ太って、日本に帰ってきたもん。日本食なんてなかったけど、僕は当時からパン食で、マイアミで朝ごはんを食べに行った時に、パンにハムとスクランブルエッグをはさんで出してくれたときがあった。それがおいしくてね。『こういうのを日本で食べた記憶がある』って、懐かしくなってね。だから、ずっと食べていた。今でも、ホテルの朝食バイキングはそれ。必ずスクランブルエッグを焼いて、ハムを敷いて、パンに乗っけて食べるスタイル。27年間、朝のバイキングは絶対それ。カミさんに聞いても、『それが一番好き』って言うよ。『朝はパンにしてくれ』、ってずっと言っているので」

ハムサンドをほおばり、背番号34は、日本で219勝を積み上げた。

振り返ると、プロ野球界のレジェンド、山本昌を育んだのは、アメリカが育てたベースボールだったということになる。だが、これに、当人は少し違った考えを持っている。

「野球とベースボールの違いは確かにあるよね。向こうの方が楽しんでいるな、とは思いますね」

ここで、昨年の14年に米大リーグ・ヤンキースを引退したデレク・ジーターの名前を挙げた。ジーターは、1992年に名門ヤンキースに入団し、通算3465安打。勝負強い打撃で、5度のワールドシリーズ制覇に貢献。たぐいまれなキャプテンシーでも、ファンに愛されてきた。

「彼は『野球をするのが、苦しくなってきた』と言っていたよね。やっぱり僕とは全く違うんだな、と。向こうの方が、野球を楽しんでやっているなって思いましたね。ジーターみたいなすごい選手もそうなんだって。僕が言うのもおこがましいですけど、やっぱり僕がやってきたのは、日本の野球だったかな、と思いますね。僕は、『苦しくなけりゃ、野球じゃない』って考えでいましたから。苦しんで、苦しんでやるのが、野球だと。楽しいと思ったことは、1回もない」

そして、ユニホームを脱いだもう一人の名選手の名前を挙げた。2013年に、ヤクルトを引退した宮本慎也（注5）だ。

「彼が引退する時に、『野球が苦しくなくなった』という風に言いましたけど、あれに僕は共感しますね。緊張感がなくなってきたというか…。そのあたりが、野球とベースボールの違いかな。どちらかというと、僕は宮本派ですね」

日米のキャプテンは、1つの競技に対して、全く別の考えを持ち、プレーしてきた。2人をしのぐ期間、野球にすべてを捧げてきた山本昌は、米国で才能を開花させた。だが、その魂は、日本で鍛えられた野球道にあったというところは、興味深い。

レジェンドがプロで成功した秘密とは…

話は再び10月7日の山本昌の引退登板に戻る。外野グラウンドで、試合前練習に姿を見せた背番号34に、ファンは「昌さん、ありがとう！」と、温かい声をかけた。ときおり、手を挙げて応えたが、そこに笑顔はない。これまでの先発のときのように、5本軽く走り、キャッチボール。遠投を終えると、最後のブルペンに向かった。

「アップがすんで、きょう先発だとなると、不思議なもので、段々緊張してきましたね。ルーチンがね。体が覚えていて、緊張してくる時間が出てくるんです。僕は緊張したいタイプなんです。でも、さすがにもうないなと、思っていたけど、緊張してうれしかったですね。これが、最後の緊張なんだと思えてね」

広島・丸との真剣勝負の伏線には、緊張という変わらぬルーチンがあった。この緊張感を味わいながら、マウンドに立ってきた。口さがない選手は、「山本さんは、あれだけ経験しているのに、こんな年になってもルーキーみたいに緊張される」と、冗談めかして話す。とんでもない。球界のレジェンドが、50歳までプロの世界で野球を続けてこられた理由は、この変わらぬ野球少年のような緊張にあるのだから。

では、山本昌が打ち立てた50歳登板という、プロ野球最年長記録は破られるのだろうか？　当人はキッパリと断言した。

「全然あると思う。道もできてますし、工藤さん（注7）が築いてくれて、僕が少し先にした。道があると、目標にもなりますしね。今は昔と違って、技術であったり、体のケアであったり、トレーニングも進んでいますし、何年か後に、必ず誰か出てくると思います。勝つ選手もメジャーにも出てくると思う。いろんなことがしっかり分析されて、トレーニングだったり、肩の手術だったり、昔絶望だったことも、今では克服できたりしてる。そんな風に、故障が治る可能性もありますので。僕は幸い大きな手術はなかったけど。（DeNAの）三浦大輔（注8）がするかもしれません」

もう、記録への未練は一切なかった。その目は、野球少年のように、ワクワク感にあふれていた。最後に最大の謎に迫ろう。この不出生の大投手が、成功したのはなにが一番の要因だったのであろうか？

「正直、野球は大したことないですよ」

謙そんではなかった。記憶をたぐり寄せながら、照れ臭そうに言葉をつないだ。

「僕は、突き抜けている時代は1回もありませんので、小学校から『お前はもう別格』なんて、他のプロ野球選手みたいに、言われたことがなかったから。小学校、中学校はずっと補欠なんで。高校時代も、甲子園に出場した斎藤祐樹とか、ああいう風になったこともないですしね」

突き抜けたことのない男が、50までプロ野球のマウンドに立っていたのだから、わからないものである。

「もしあるとしたら、指先がピッチャーだったかな。指先の感覚だけはあったとは思いますね。ストライクを投げることであったり、ボールに力を伝えることであったり、そこは他の人よりはあったのかなって思います。そこだけは苦労しなかった」

そして、さらに続けた。

「あとは、周りの人に恵まれたことも。運とか、縁とかそういうものはあったと思います」

2つ目の理由の方が、誇らしげに思っているように見えた。だが、復活の呪文が、レジェンドにより、書き換えられることは、もうなくなってしまった。

注1　浜崎真二は、兼任監督の阪急時代、1950年5月7日に先発し、勝利を収めた。これが山本昌に破られるまでのプロ野球最年長記録だった。くしくも浜崎は、山本と同じ左投手。
注2　米大リーグ・マリナーズなどで活躍し、通算269勝を挙げた。彼も左投手。
注3　1986年に発売され、社会現象にもなったロールプレイングゲーム。主人公が敵と戦いながら、姫を救い出す内容。中断したところから、再びゲームを再開するときには、復活の呪文と呼ばれる、パスワードが必要だった。
注4　本名は生原昭宏（いくはら・あきひろ）。亜細亜大学監督から、米国に留学し、ドジャース傘下のマイナーリーグの用具係から、ドジャースのオーナー補佐兼国際担当に昇進。山本昌ら、米国にキャンプ留学する日本人選手の世話もした。山本昌には、野球の基本的な心構えから、代名詞ともなるスクリューボール習得にひと役かった。1992年に亡くなった
注5　ソーサが66本塁打に対し、マグワイアが70本でホームラン王争いを制した。
注6　1994年にドラフト2位でヤクルト入り。遊撃手で6回、三塁手で4回、ゴールデングラブ賞を獲得した名手。2008年の北京五輪野球日本代表では、キャプテンをつとめた。
注7　現ソフトバンク監督の工藤公康。徹底した体調管理などで、通算224勝を挙げた。2011年に48歳で現役引退を表明した。
注8　三浦は、2015年シーズンを終えた時点で41歳。15年も6勝（6敗）を挙げている。

第2章

そして、日記は3冊目に――。

木佐貫 洋

（巨人－オリックス－北海道日本ハム）

Hiroshi Kisanuki

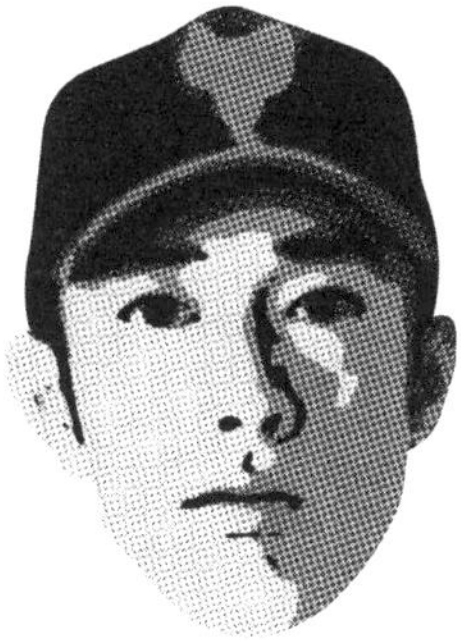

文＝長谷川晶一（ノンフィクション作家）

木佐貫 洋（きさぬき・ひろし）

1980年（昭55）5月17日、鹿児島県生まれ。川内高3年の98年、鹿児島県春季高校野球大会で杉内俊哉擁する鹿児島実業を破り優勝するも、夏の県大会決勝では同校に惜敗し甲子園出場ならず。その後、亜細亜大学へ進学し、4年時には2季連続で最高殊勲選手、最優秀選手、ベストナインの三冠に輝いた。02年に自由獲得枠で巨人に入団。ルーキーイヤーに初完投・初完封を達成するなど10勝7敗の成績を上げ、新人王を獲得。10年からオリックスへ移籍、13年1月には大型トレードで日本ハム入り。13年5月20日の巨人戦（交流戦）では、かつて甲子園出場を賭けて投げ合った杉内と対戦し勝利。15年目のリベンジを果たすとともに、史上12人目の12球団勝利投手となった。

年度別成績

年度	所属球団	登板	勝利	敗北	セーブ	ホールド	完投	完封勝	無四球	勝率	打者	投球回	安打	本塁打	四球	死球	三振	暴投	ボーク	失点	自責点	防御率
2003	読売	25	10	7	0		7	2	3	.588	736	175	168	18	44	7	180	6	1	74	65	3.34
2004	読売	31	7	8	5		2	0	0	.467	643	139.2	168	20	50	11	154	1	0	92	78	5.03
2005	読売	14	0	1	5	0	0	0	0	.000	56	13.2	13	1	3	0	17	0	0	6	6	3.95
2006	読売	3	0	3	0	0	0	0	0	.000	54	10.1	24	3	2	0	7	0	0	11	11	9.58
2007	読売	26	12	9	0	0	0	0	0	.571	613	148.2	144	17	35	0	131	1	0	60	51	3.09
2008	読売	14	6	5	0	0	1	0	0	.545	318	74	87	15	19	1	53	3	0	36	34	4.14
2009	読売	1	0	0	0	0	0	0	0	.000	12	2.2	4	2	0	0	2	0	0	3	3	10.13
2010	オリックス	28	10	12	0	0	4	1	0	.455	767	174.1	174	9	71	13	140	11	1	85	77	3.98
2011	オリックス	19	2	7	0	0	0	0	0	.222	322	72.1	86	5	22	2	60	4	0	42	37	4.60
2012	オリックス	24	5	9	0	0	5	1	1	.357	628	152.1	138	8	42	3	96	5	0	47	44	2.60
2013	北海道日本ハム	24	9	8	0	0	2	1	1	.529	620	145	141	10	50	5	95	8	0	64	59	3.66
2014	北海道日本ハム	5	1	3	0	0	0	0	0	.250	115	26	29	1	7	0	21	1	0	12	9	3.12
2015	北海道日本ハム	1	0	0	0	0	0	0	0	.000	3	1	0	0	0	0	2	0	0	0	0	0.00
	通算	215	62	72	10	0	21	5	5	.463	4887	1135	1176	109	345	42	958	40	2	532	474	3.76

晩秋、新宿の雑踏で――

季節は晩秋を迎えていた。街を歩く人々の装いはすでに秋物から冬物へと変わりつつあり、ジャケットやコートの襟を立てるように人々は帰路を急いでいる。ハロウィンとクリスマスの間のひととき、街にはつかの間の静寂が訪れていた。それでも、辺りは完全に暮れていたものの、けばけばしいネオンライトと、行き交う車列の赤と白のランプが目に鮮やかに飛び込んでくる。

新宿東口、時刻は21時を過ぎていた――。

雑踏の中に立っていたのは現役引退を表明したばかりの木佐貫洋だった。身長188センチメートル、周囲から頭一つ抜け出していた木佐貫に尋ねる。

――街を歩いていると、よく声をかけられるのではないですか?

木佐貫は照れた笑いを浮かべながら答える。

「ジャイアンツに入団した頃、新人王を獲った頃にはよく声をかけられましたね。でも、それからはサッパリですよ……」

2002(平成14)年ドラフト会議において自由獲得枠で読売ジャイアンツに

入団。新人王を獲得したのはプロ1年目となる03年のことだ。それからかなりの時間が経過した。

「……それに東京の人は、たとえ僕だと気づいても滅多に声をかけることはしませんからね。これが大阪や札幌だと、〝おっ、木佐貫だ〟となることもありましたけどね」

巨人で始まったプロ野球選手としての人生は、10年にはオリックス・バファローズ、13年には北海道日本ハムファイターズへと変遷を遂げていた。プロ生活13年、さまざまな出来事があった。

その瞬間——。

駅へと急いでいた一人の青年が大きな声を出した。

「あれ？　木佐貫さんですよね？　そうだ、木佐貫さんだ」

木佐貫が笑顔で応えると、青年はなおも続ける。

「僕、鎌ヶ谷によく行っていました。今年、何度も鎌ヶ谷に行きました！」

青年の言う「鎌ヶ谷」とは、日本ハムのファーム本拠地である千葉県鎌ヶ谷市のことだった。引退表明まで1軍での登板機会のなかった木佐貫は、15年シーズンの大半を鎌ヶ谷で過ごしていた。彼は目の前の大きな男が木佐貫であることにすぐに気がついたのだ。

青年は興奮気味に、鎌ヶ谷スタジアムで何度も木佐貫に声援を送ったこと、サインをもらいたかったのだけれど、恥ずかしくて声をかけられなかったことなどをまくしたてる。

「ちょうどよかった……」

木佐貫は手にしていたバッグをまさぐった。そして取り出したのは自身のピッチングフォームが描かれたベースボールカードだった。そこには直筆のサインも入っている。

シーズン中はファンの声援にいちいち応じることはできない。そこで木佐貫が考えたのが事前に自身のカードにサインをした上でファンに配るというアイディアだった。そこには通し番号も書き加えられてあり、キャンプイン時には「♯001」で始まったカードはこのとき「♯1800」台になっていた。

「……もう引退したので、本当は日本ハムの選手ではないけれど、せっかくなのでもらってくれますか?」

木佐貫は丁寧に頭を下げながら名刺を手渡すようにカードを差し出した。その姿は手練れのビジネスマンのようであった。まさかの展開に青年の顔は上気する。

「うわぁ、本当にいい人だ！」

そう、彼を知る者は木佐貫を評してしばしば「いい人」というフレーズを口にする。ほんのわずかなやり取りを通じて、この青年もまた「木佐貫はいい人だ」と感じたのだろう。

固い握手を交わして、青年が去っていくと木佐貫は小さく笑った。

「まだ、声をかけられることもあるんですね……」

13年間に及んだ木佐貫洋の現役生活。

鹿児島・川内高校時代には横浜高校・松坂大輔、沖縄水産高校・新垣渚とともに「高校ビッグスリー」と称された。亜細亜大学に進学後、プロに入るときには「松坂世代の注目選手」と騒がれた。新人王を獲得し、順風満帆なプロ生活をスタートさせたものの、そこからはさまざまな試練が待ち受けていた。

改めて、木佐貫洋のプロ13年間を振り返ってみよう――。

戦力外通告——覚悟を決めていたのでショックはなかった

インタビューに当たって、改めてこちらが名刺を差し出すと木佐貫もまた、例のカードを取り出した。そこにはサインとともに《＃1885》と記されていた。

「例年ならばシーズン終盤には《＃4000》台なんですけれど、今年（15年）はファーム暮らしが長かったので、まだ《＃1800》台なんですよ。一応、《＃2600》までサインを準備しましたけど、配らないで終わることになりそうですね……」

1軍暮らしを続けていれば遠征先の球場やホテルで、あるいは移動中の新幹線ホームや空港で、さらにはビジターチームのファンからサインを求められて何枚もカードを配ることができた。しかし、15年はシーズン終盤まで1軍に呼ばれることはなく、現役引退を表明した9月末になってようやく1軍に招集された。カードを配りたくとも、配る機会はなかなか訪れなかった。

丁寧にスリーブに入れられたカードの裏面に目をやると、名刺大の紙片が同封されていることに気がついた。そこには「木佐貫洋」と大書されてあり、その脇

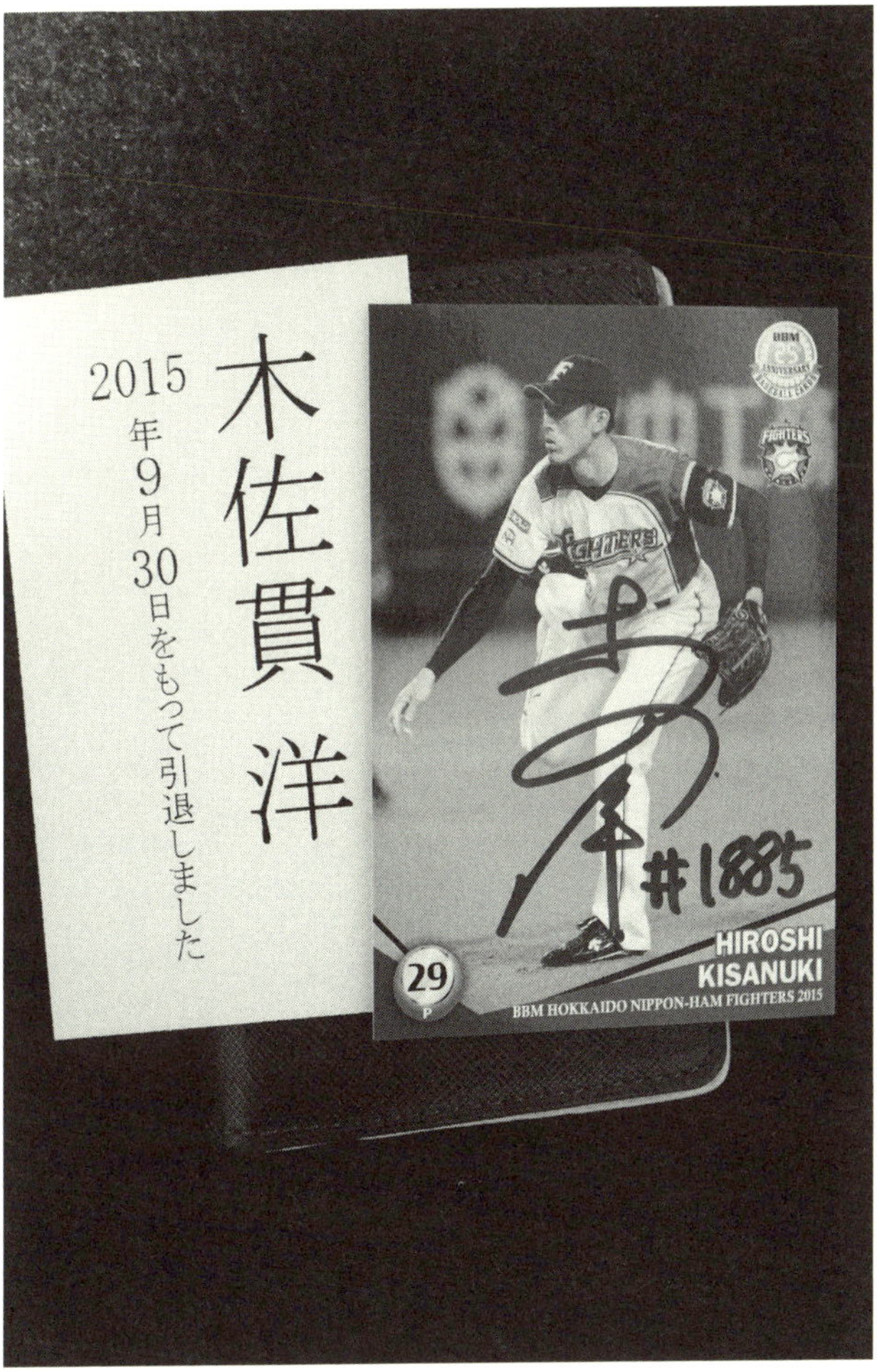

木佐貫 洋
2015年9月30日をもって引退しました
HIROSHI KISANUKI
29
P
#1885
BBM HOKKAIDO NIPPON-HAM FIGHTERS 2015

に小さく「2015年9月30日をもって引退しました」と書かれていた。

「これ、今日作ったばかりなんです。引退直後からパソコン教室に通っているんですけど、今日、その教室だったんです。引退したらパソコンを使う機会も増えるから、ワードやエクセルをきちんと使えるようになりたいと思っていたので……」

すでに第二の人生に向けて歩き始めている木佐貫に尋ねる。

——引退を決めたきっかけは何ですか？

木佐貫は静かに口を開いた。

「去年（14年）はわずか5試合に登板して1勝3敗でした。そこで、去年の秋季練習のときには〝来年成績を残せなかったら、もう辞めよう〟と自分に発破をかけて退路を断ったんです。横浜の自宅から鎌ヶ谷に通うのは大変だから、若手たちに交ざって選手寮で生活をしました。若い選手たちは、〝何でここに木佐貫さんがいるの？〟という感じだったと思います。だから今年は〝これで最後だ〟というつもりで臨みました……」

背水の陣で臨んだ15年シーズンだったものの、開幕から2軍暮らしが続いた。

何とか2軍で成績を残して1軍昇格を狙ったが、2軍でも結果を出せなかった。

「……それなのに、ファームでも結果を残すことはできませんでした。肩や肘が痛いわけじゃないんです。身体はどこも悪くないんです。それでも、決め球のフォークボールはあっさり見逃される。裏をかいたストレートはカーンと苦もなく打たれる。そんな繰り返しでした。夏場を迎える頃には、〝もう自分の力は通用しないのかな……〟と、そんな思いを抱えながら過ごしていました」

鎌ヶ谷の地に夏が訪れた頃にはすでに「今季限りで戦力外通告を受けるのではない……」という思いが木佐貫の頭によぎり始める。

「吉村（浩）GMとか木田（優夫）GM補佐の姿を球場で見かけると、〝いよいよ通告に来たのかな？〟と考えるようになりました。9月に入る頃には自分の中でカウントダウンを始めていました。それでも、〝最後まで野球に取り組む姿勢は変えるな〟と自分に言い聞かせて練習を続けていました」

そして、吉村GMから「明日の昼間、話したいことがある」と通達される。

（いよいよ、来たか……）

こうして、木佐貫は「戦力外通告」を受けた。

「覚悟をしていたのでショックはありませんでした。ただ、この瞬間から、それまでは考えないようにしていた今後のことを真剣に考え始めました。選手を続けるのか、それともこのまま引退するのか……。それまでふたをしていたことにフォーカスを当てる作業が始まりました」

ここからしばらくの間、木佐貫曰く「すごく迷った」日々を過ごした。妻は「続けたいと思うのなら続けてほしいし、自分で限界だと思うのなら辞めてもいい。あなたの好きにしてほしい」と言い、子どもの頃から応援してくれた父親からは「今年、たまたま悪かっただけで来年はやれるはずだ。まだあきらめるな」と激励を受けた。

「すごく迷ったけれど、前年の秋季キャンプのときに〝来年ダメだったら辞めよう〟と決意していたし、実際に自分のボールが通用しないことも実感していました。自分としては〝もっと現役を続けたい。まだまだできるはずだ〟という思いや意地もあったけど、この世界は自分の実力がハッキリとわかるシンプルな世界。ハッキリと引導を渡されたわけだから引退を決意しました」

木佐貫は「その瞬間」を淡々と振り返った。事前に覚悟していたことだから心の準備はできていた。

忘れられない思い出の二試合

引退記者会見で木佐貫は「思い出のゲーム」を二試合挙げている。

一つは03年3月30日のプロ初登板初先発。そしてもう一つは日本ハムに移籍した13年5月20日、古巣の巨人を相手に勝利した一戦だった。

「自分の現役生活を振り返ったときに、きちんと抑えたことよりもまずかったとき、やらかしたときのことの方が強く印象に残っていますね。プロに入って最初の試合。1発目で〝プロは厳しいんだ〟と教えてくれたデビュー戦はやっぱり忘れられません」

開幕3連戦の第3戦、この試合で木佐貫は2回5失点でKOを喫している。忘れられないのは中日ドラゴンズの先頭打者・福留孝介との対戦だった。

「試合が始まる直前に《ピッチャー・木佐貫！》とコールされて一塁ベンチからマウンドに上がるとき、ものすごくフワフワした感覚でした。地面を踏んでいるというよりも、雲の上を歩いているような感じ。このとき、初めて対戦するバッターは福留さんでした。この前の年に首位打者を獲得しているんですけど、キャッチャーの阿部（慎之助）さんが〝全球、真っ直ぐで勝負するからな〟って言うんです……」

木佐貫は「オレの真っ直ぐが通用するのだろうか？」と不安を覚えた。しかし、すぐに「阿部さんは、今後のことを考えて最初にストレートの印象付けをしたいのだろう」と先輩捕手の意図を汲み取ろうとした。

「……実際に全部、ストレートのサインでした。確かフルカウントまで行って、ファールで粘られたりしたけど、結果的に三振を取れました。このときに〝あ、いけるぞ〟と思ったんです。それまではフワフワした感じだったのが、少しだけ落ち着くことができました」

福留の次に打席に入ったのは亜細亜大学の先輩、2番の井端弘和だった。ようやく落ち着きを取り戻したと思った木佐貫だったが、現実は厳しかった。打ち取った当たりではあったものの、続く井端の打球は内野手と外野手の中間にポトリと落ちるラッキーなヒットとなった。

「せっかく福留さんを三振に取って落ち着いたのに、井端さんのヒットでまたフワフワした感覚になって、気がついたらノックアウトされていました」

ほろ苦いプロデビューだったからこそ、木佐貫はこの試合が忘れられないのだという。そして、もう一つ印象に残っている試合が日本ハム移籍1年目、古巣との交流戦だった。

古巣・巨人との対戦だということ。そして、巨人の先発が高校時代に対戦して敗れた杉内俊哉だということ。木佐貫の闘志に火がついた。

「先発ローテーションを任されていると大体、自分の登板スケジュールがわかりますよね。このときは1週間前には、〝次の登板は札幌ドームの巨人戦だな〟ということは自分でもわかっていました。そして、〝巨人の先発は杉内投手かもしれないな〟とも思っていました」

次回登板に向けて調整をしていても、気がつけば力が入ってオーバーペースとなりがちだった。試合が近づくに連れて睡眠も浅くなった。知らず知らずのうちに木佐貫は力んでいたのだった。

「今から考えれば本当に入れ込んでいましたね（笑）。それなのに、高校時代のチームメイトたちから〝あのときのリベンジを頼むぞ！〟というメールまで届いて。思わず、〝お前ら重いよ。試合が終わってからメールしてくれよ〟って思いました」

かつてのチームメイトたちが語る「あのとき」とは、彼らが高校3年生だった98年7月、鹿児島大会決勝戦のことを指していた。夏の県大会決勝では鹿児島実業高校の杉内と川内高校の木佐貫が先発。杉内は1失点完投。対する木佐貫は3失点完投。木佐貫は甲子園に進むことはできなかった。

「高校時代のことがあったから、プロ初対決の前日はなかなか眠ることができず、〝明日の試合できちんと投げられたらもう辞めてもいい〟、それぐらいの思いで過ごしました」

こうして迎えた試合当日。木佐貫は絶好調だった。直球とシュートを主体に上々の立ち上がりで序盤を切り抜けると、中盤以降はフォークボールが冴え渡り7回1失点で後続にマウンドを託した。一方の杉内は8回2失点。木佐貫の勝利だった。日本ハム移籍後、木佐貫にとっての本拠地初勝利であり、史上12人目となる12球団からの勝利でもあった。

「杉内投手と投げ合って勝てたことも嬉しかったし、札幌ドームで初めてのお立ち台に立てたことも嬉しかったし……。そこからスタンドの景色を見て、ようやくファイターズの一員になれたという感じがしましたね」

同じく「松坂世代」である杉内について、木佐貫は言う。

「僕の中では高校3年の夏、彼に負けたということが強烈なトラウマになっています。野球選手のなかで最も意識したのが杉内選手でした。僕が大学時代に故障で苦しんでいたときに、彼は2000年のシドニーオリンピックでプロアマ合同メンバーに選ばれていました。そこは素直に悔しかったです。プロに入って新人王を獲ったときは嬉しかったけれど、その後の僕は思うような成績を残せなかった。そのときには杉内投手はすでに沢村賞を獲るような投手になっていました。それも悔しかったです。でも、同じ土俵に立っているからこそ、彼のすごさはひしひしと感じていました」

短いコメントの中に、「悔しい」というフレーズが何度も登場した。木佐貫にとって杉内は最も意識する選手なのだということがよく伝わってくる。

一方、「松坂世代」のトップランナーである松坂大輔に対する印象は大きく異なる。

「元々、松坂選手は高校生の頃からテレビでしか見たことのない存在で、本当に雲の上の人っていう感じでした。高校卒業後、すぐにプロでも活躍したのでますます手の届かない人になったし、テレビで芸能人を見ているような別世界の人という感じでしたね。亜細亜の同期・永川（勝浩）は大学時代の4年間一緒にやっていますし、杉内選手とは高校時代に対戦をしているので自分との比較もできたけど、松坂選手は雲の上過ぎましたね（笑）」

木佐貫はしばしば尋ねられたという。

――「松坂世代」とひと括りされることはイヤではないですか？

しかし、木佐貫はまったくそんなことは感じなかったという。

「あの世代は松坂投手が飛び抜けていました。それに異論がある人、反発する人はいないと思います。僕にとっては《松坂世代》というのはトップブランドの括りだと思っていたので、そこに自分が加えられることはむしろ嬉しかったですけどね」

杉内や永川に対するコメントを発しているときとは、まるで別人のような穏やかな表情で木佐貫は笑った。

選手生命を左右する最大の危機

13年間に及んだ現役生活、本人の言葉を借りれば「これで野球生命は終わりだ」と感じたことは何度かあった。

「実は僕はずっと日記をつけているんです。中学、高校の頃は虫食い状態で、今日は書いて、明日は書かないということもあったけど、06年からは《５年日記》を買って、毎日きちんと日記をつけていました。06年の２月１日のキャンプから一日も欠かさず書き続けています。感覚としては歯磨きと一緒です。書かないと気持ちが悪いんです」

現役引退を決めたとき、木佐貫の《５年日記》は２冊目の終わりを迎えようとしていた。この日記において、木佐貫が「野球生命にかかわる危機」と書いた日、それが08年５月７日、東京ドームで行われた巨人対阪神戦のことだった。この日、先発マウンドに上がった木佐貫は、三回表二死走者なしの場面で選手生命を左右する窮地に立たされることになる。

得点は3対2で巨人がリード。打席に入っていたのは阪神タイガースの四番・金本知憲。カウントはワンボール・ツーストライク。その4球目のことだった。阿部キャッチャー・阿部慎之助のサインをのぞき込んだ木佐貫に動揺が走った。阿部からのサインは「アウトコース高めにボールを投げろ」というものだった。

「あのとき、〝アレ？〟って思ったのが、阿部さんのリードが外角のサインだったんですけど、僕は当然、アウトローだと思ったら、阿部さんのサインは外角高め、アウトハイだったんです。東京ドームはホームランの多い球場だから、あまり高めのサインは出ないんです。でも、〝高めでファールにしよう〟という意図なんだなと思って、〝いつもよりも、きちんと腕を振らなければ〟と意識したことをよく覚えています」

こうして、投じられた木佐貫の141キロのストレート。

しかし、「いつも以上に腕を振ろう」という意識が力みにつながり、裏目に出た。普段以上に手首に力が入ってしまったために、リリースの瞬間に手首が早めに返ってしまったのだった。

「外の高めを狙って、思い切り腕を振ろうとしたら、手首がくるっと返ってしまったんです。元々、高めを狙っているのでボールの軌道は高めのまま進んでいく。でも、手首が早めに返ってしまっているので、ボールはアウトコースには行かずに、金本さんの頭に向かって真っ直ぐに進んでいく。投げた瞬間にマズいって思いました」

もしも、アウトローに狙って投げていたのなら、たとえ手首が返ったとしても左打者である金本のひざ元にボールは投じられたことだろう。しかし、このときは高めを狙って投げたことが木佐貫にも、そして金本にも災いした。

「ちょっといつもにはない配球だったので、力んだんだと思います。しっかり腕を振ってファールを取るために、いつも以上に力が入ってしまった。それがすべての原因です」

木佐貫の投じたストレートは金本の頭を目がけて一直線に進んでいく。

気がつけば、金本はバッターボックスで後頭部を押さえたままでうつ伏せになっている。マウンド上で呆然とする木佐貫。主審はすぐに「危険球退場」を宣告する。

このとき、彼の頭の中に浮かんでいたのはこんなことだった。

（あぁ、オレが金本さんの記録を途切れさせてしまうのか……）

当時、金本は連続試合フルイニング出場の世界記録を更新中だった。このときからしばらくの間、木佐貫の記憶は抜け落ちている――。

結局、この日の試合は5対4で阪神が競り勝った。

試合終了後、木佐貫はすぐに金本の下に詫びに行くつもりだった。しかし、念のために金本は病院に行き、精密検査を受けるという。時間がないので、この日は巨人マネージャーにメッセージを託し、阪神マネージャー経由で本人に伝える手はずを整えた結果、その日の夜に電話でお詫びの言葉を本人に伝えることができた。

そしてこの日の晩、木佐貫はいつものように日記をしたためた。

「実は僕は大学時代からイップスに悩んできました。金本さんの頭にぶつけたときには、〝またイップスが再発するのでは〟と不安に思っていました。この日の夜、僕は日記に〝もしも、またイップスが出てきたら、これで自分の野球生命は終わってしまう〟と書きました。この日のページはいまだに読み返したくないですね。正直、胸が締め付けられるような思いがするんです……」

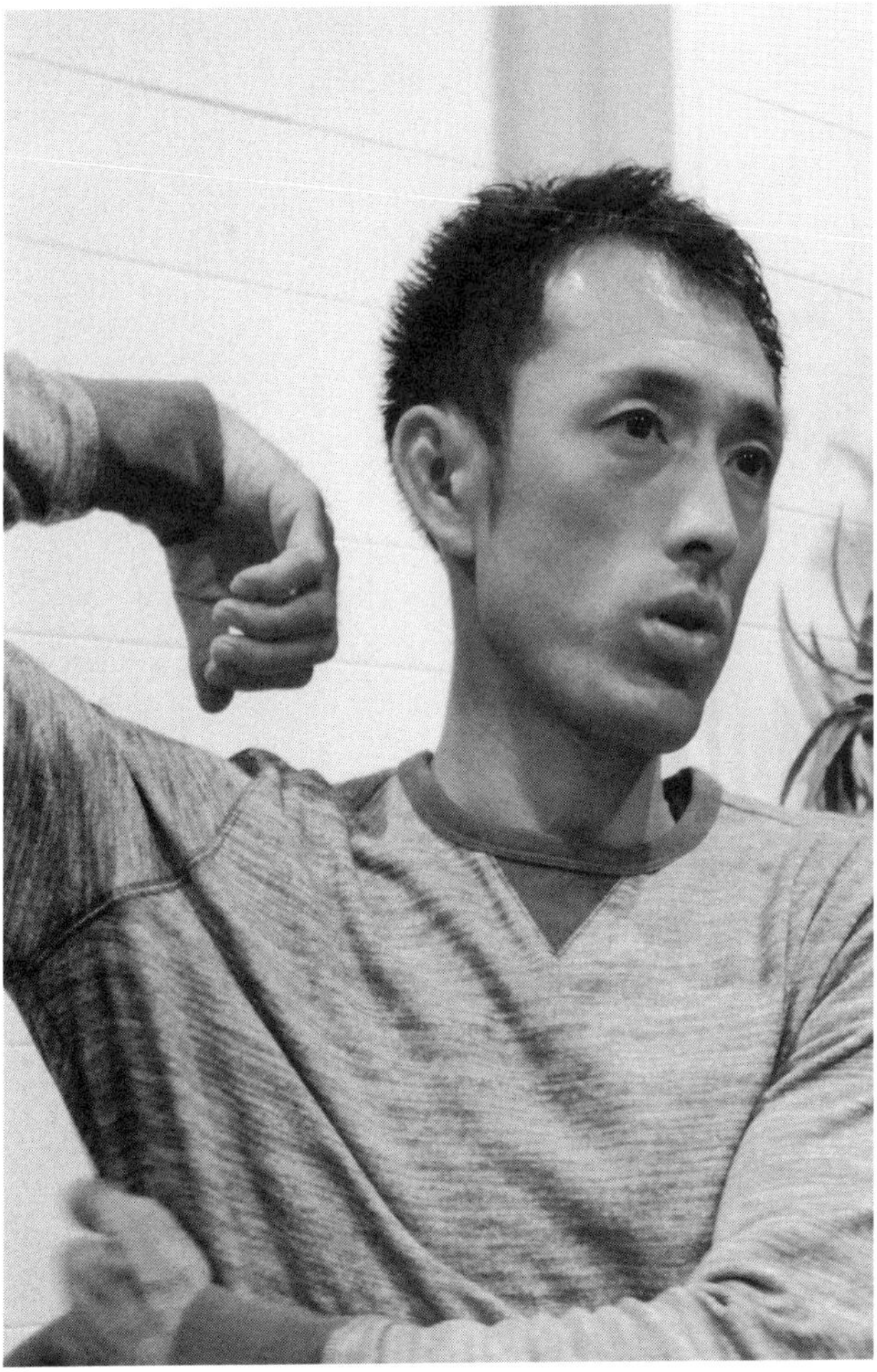

主に精神的な原因によって、プレーに支障をきたす運動障害・イップス。ふとしたはずみでイップスになり、それが原因で引退に追い込まれるケースも少なくない。大学時代にイップスに苦しんだ木佐貫にとって、その再発は野球生命にかかわる大問題だった。

そして、翌8日の試合前練習のこと。ホームチームである巨人が練習をしているときに、三塁側ベンチに阪神ナインが現れた。木佐貫はすぐに金本の下に駆けつける。電話ではなく、直接、謝罪の言葉を伝えたかった。

「本当に申し訳ありませんでした」

頭を下げる木佐貫に対して、金本は笑顔で応える。

「もう、気にせんでもええよ。君の野球人生、潰すつもりはないから。次も対戦することがあれば、遠慮しないでインサイドに投げてこいよ。これで、インコースを投げられなくなったら、つまらんで」

温かい言葉を受けて、木佐貫はひたすら恐縮するばかりだった。実は、木佐貫は面罵されることを覚悟していたのだという。

「金本さんがまだ怒っていて、〝どこ投げとんじゃ！〟って言われると思っていたので驚きました。だから、まずは〝フーッ〟っていう感じでした」

改めて、木佐貫に問う。

——その後、同一リーグの選手として、歴史ある「巨人対阪神」の一戦として、金本さんとの対戦のときにはどんな心境でしたか？

「5月に金本さんの頭に当てて、7月か8月に甲子園でまた対戦しているんです。そのときにインコースのサインが出ました。〝来たぞ！〟って思いましたね（笑）。もう腹括って投げるしかないので、半分、目をつむって〝おりゃっ〟って投げたら、また内角をのけぞらせるボールだったんです。そして、その後に外野フライでアウトにしました。ベンチに戻るときには、〝お前、帰り道、覚えとけや！〟って、阪神ファンから猛烈に野次られました」

木佐貫の言う「7月か8月の試合」とは、おそらく、7月21日、甲子園球場で行われた阪神対巨人12回戦のことだろう。この試合で木佐貫は6回2／3を投げて、金本を2打数0安打に抑え、2打席目にはセンターフライに打ち取っている。

「インコースに投げる恐怖心とか、頭に当てた恐怖心とかは、金本さんの言葉のおかげできれいに払拭できていたと思います。それでも、自分でちょっと引きずっていた部分もあったのかもしれないですけど……」

結局、この年の木佐貫は本来のピッチングを取り戻すことができず、8月にファーム落ちを経験。さらに、シーズンオフにはドミニカのウインターリーグを経験し、心機一転を図った。その後、09年のオフにオリックス・バファローズへ移籍。13年からは北海道日本ハムファイターズへ新天地を求めることとなった。あれから長い時間が経過した。「あの日」のことを、木佐貫はどのように消化しているのだろうか？

「日記にも書いたように、僕の野球人生で最大の危機でした。このときはたまたまそこまで深みにはまらなかったけれども、本来なら、頭への1球でそこから調子を崩したり、野球人生が終わってしまったりするバッターもいると思うんです。でも、それでもインサイドを投げなくてはいけないバッターもいます。狙ってぶつけることはしないけれども、インサイドには投げなければいけない。投げる方にも技術が必要なんだと痛感する出来事でした」

ひと言ひと言を噛みしめるように、木佐貫はゆっくりと話した。

2003年05月10日撮影

後輩たちからのサプライズプレゼント

現役引退を表明後、木佐貫は母校・亜細亜大学を訪れている。

当時はコーチで、現在は監督を務める生田勉に引退報告をするためだった。プロに入ってからの13年間、木佐貫は春と秋のリーグ戦開幕時には欠かさずに後輩選手たちに差し入れを続けてきたという。

「僕が大学在学中、リーグ戦で優勝したときにプロに進んだ先輩から花を贈ってもらったことがありました。パンチ佐藤さん（元オリックス）も先輩なんですけど、ご自宅が近いのだと思うんですが、慶応大学でオープン戦をするときには必ずミスタードーナツやマクドナルドを選手たちに差し入れしてくれました。それが、学生時代の自分にとって本当に嬉しかったんです。ひとつはプロのOBが自分たちの先輩なんだという誇らしい思い。そしてもう一つはOBが自分たちを気にかけていてくれる喜び。自分が嬉しかったから、後輩たちにも同じことを感じてほしいと思って差し入れをしていました」

自身が「野球生命最大の危機」と語る金本への危険球を投じたとき、木佐貫はスケジュールをやりくりして母校を訪ねている。このとき木佐貫は、後輩選手たちの前で当時の率直な思いを口にしたのだという。

「僕は自分の失敗談、悩んでいることを他人に話すことが好きなんです（笑）。というのも、もしも先輩がそういう風に失敗したこと、悩んでいることを自分たちに話してくれたら、その意外な一面を見ることで、すごく親近感を覚えるからです。僕自身、元々自慢するのが好きではないので、正直な思いを話して、自分の悩みを伝えて、それで一人でも何かをキャッチしてくれたら嬉しいなという感覚です」

このとき木佐貫は大学時代に1年間ほどイップスに悩んだことがあること、そして金本の頭に当てたことで、またイップスが再発するのではないかと恐れていることなど、自身の胸の内を赤裸々に話した。

「みんなの中にも同じ悩みを抱えている人もいると思います。イップスというのは、なかなか出口が見えないので厳しい状況が続くと思うけど、お互いに諦めないで頑張りましょう」

プロで新人王を獲得し、巨人軍のローテーションを守っている大先輩が大学生と同じ目線で真剣に語りかける。当然、後輩たちの胸にも木佐貫の言葉はしっかりと響いたことだろう。

　亜細亜大学・生田監督に引退報告をし、木佐貫はしばらくの間後輩たちの練習風景を日の出グラウンドのスタンド席から見守っていた。

　午前練習が終わるとき、後輩たちは亜細亜大学伝統のあいさつ練習を行い、これも伝統の「第一学生歌」の斉唱を始めた。懐かしい思いを抱きながら木佐貫が見守る。

　その瞬間――。

　スタンドの木佐貫に向かって、学生たちが大声を張り上げた。

「フレー、フレー、亜細亜！　フレー、フレー、木佐貫！」

　そして、後輩たちに促されるままグラウンドに下りると、全部員が金を出し合って買ったネクタイと学年別にまとめられた4枚の寄せ書き色紙が手渡された。

　思いもよらぬサプライズプレゼントだった。

「あれは本当にビックリしましたね。スタンドから練習を見ていたらみんなであいさつ練習が始まりました。本当に全員がそろっていて、〝うわぁ、きれいだな〟

と思って見ていました。その数日後に試合を控えていたから、自分たちを鼓舞しているのだと思っていたら、突然、自分の名前が呼ばれました。その流れでグラウンドに下りて、みんなからプレゼントをもらって。本当に嬉しかったですね」

ここでも木佐貫は後輩たちに心からのメッセージを送った。

「4年間、亜細亜大学で僕自身はプロ野球選手になりたいと思いながら毎日、練習を続けてきました。久々にこのマウンドに立ってみて、なかなか思うようにキャッチャーやバッターに投げられなかったことを懐かしく思い出しました。13年間、プロでやらせていただきましたが、なかなか思うようにプレーできないとき、しんどいときほど、ここで過ごした大学4年間のことをよく思い出していました。みんなも、すごく大変だと思うんですが、これから年齢を重ねていくと、もっと大変なことが出てくると思います。そんなときに大学時代を思い出せるように、大変ですが途中で投げ出さないように4年間をまっとうしてもらいたいと思います」

13年間にわたって、春と秋と欠かさずに後輩たちに差し入れを続けてきた。もちろん、見返りを求めての行為ではない。それでも、時代は変わっても在校生の顔ぶれは変わっても、先輩が後輩を愛し続けたように、後輩たちも先輩に対する敬意を持ち続けていた――。

真剣に考えても、深刻にはなるな――

２００６年から始めた木佐貫洋の「5年日記」――。

06年から10年までの1冊目の日記には、巨人4年間、移籍したオリックス1年間の日々の出来事が記されている。そして、11年から15年までの2冊目には、オリックスでの2年間、日本ハムで過ごした3年間の率直な思いがつづられている。

現役引退と歩調を合わせるかのように2冊目の日記も終了のときを迎えた。そして第二の人生が始まるときに、ちょうど3冊目の日記が始まろうとしている。

「何かの雑誌で《転職は35歳までがリミットだ》という記事を読みました。僕は今35歳。いい時期に現役を引退したのかなと思いますね。ちょうど2冊目の日記が今年で終わって、来年からは3冊目の《5年日記》が始まるというのもキリのいい思いがしますね」

現役時代、好調なときも不調なときも常に日記を書き続けた。好調なときには過去の記事を読み返すことはほとんどなかった。それでも、ひとたび不調に陥ると泥沼から抜け出すためのヒントを、何らかの打開策をこの日記に求めた。

「現金なもので、自分の調子がいいときにはまったく見返さないんですよ。でも、調子が悪くて何か糸口がほしいなというときには藁にもすがる思いで日記を開きました。それで答えを見つけられるときもあったし、見つけられないときもあったけれど、この日記はいつも僕の近くにありました」

06年から15年までの足掛け10年。木佐貫は休むことなく日記をつけ続けた。朝方まで祝杯を挙げたときでも、「書く内容を忘れないように」、携帯電話にメモをして帰宅後すぐに日記に向かった。

「どうしても眠いときでもスマホにパパッと打ち込んでおいて、起きたらすぐに日記を書きました。意地でも続ける。その思いがないと僕の場合は続かないということをわかっていましたから」

毎日、日記を書いているうちに木佐貫はひとつの哲学をつかんだ。

真剣に考えても、深刻にはなるな――。

金本へ危険球を投じたときのみならず、木佐貫の日記にはしばしば深刻な悩みが率直につづられていた。しかし、後になって見直してみると、「自分は何て小さいことに悩んでいたのだろう」と思うことが何度もあった。

「過去の日記を読んでいると、〝本当に自分は未熟だなぁ〟とか、〝何回同じことを繰り返すんだよ〟と思いました。でも、そのときは〝これは一大事だ〟と書いていることでも、何年か経つとそうでもないんですね……」

一拍の間を置いて、木佐貫は続ける。

「……日記を書いていて気づいたことがあるんです。真剣に悩むことは大切なことだけれど、後で考えたらたいしたことのないことも多いのだから、決して深刻に悩まないことも大切なんじゃないかって」

引退後もプロ野球に関わる仕事に就くつもりだ。ありがたいことに何件か、新たな人生の誘いも木佐貫の下に届いている。どんな道に進むかは、もう少しゆっくり考えるつもりだが、13年間過ごしたプロ野球の世界とはこれからも関わり続けていく決意を抱いている。

第二の人生に向けて、当然期するところはある。

長時間にわたったインタビューもそろそろ終わりに近づいていた。

——これからも、日記を書き続けますか？

最後の質問を投げかける。木佐貫の返答は短い。

「はい、もちろん」

古びた2冊の日記と、真新しい1冊の日記が、木佐貫の手元にある。これまで歩んできた自分の人生を大切に振り返りつつ、これから始まる新しい人生もしっかりと刻んでいく。

そして、日記は3冊目に——。

誰もが「いい人」と認める木佐貫洋の第二の人生。

その行く手には、はたしてどんな展開が待ち受けているのだろうか？　真新しい日記にはどんな出来事が記されていくのだろうか？

インタビューを終えた木佐貫が新宿の雑踏の中に消えていく。

秋風は吹いていたものの、少しも寒くはなかった。駅へと向かうその姿は力強くたくましかった。一歩ずつ、確かに前へ、前へと歩を進めていく。そして、大きな背中は人ごみの中に溶けていく。

13年間のプロ生活が完全に終わろうとしていた——。

第3章

野球小僧に聞こえたある『福音』

東出 輝裕（広島）

Akihiro Higashide

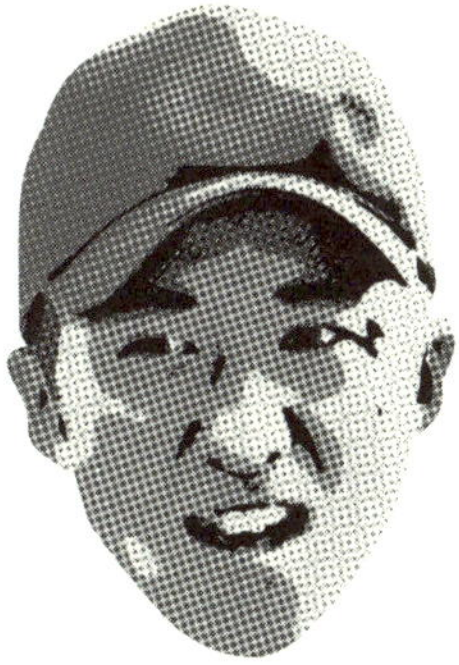

文＝五反田康彦（中国新聞社 記者）

MIZUNO
Carp

東出 輝裕（ひがしで・あきひろ）

1980年（昭55）年8月21日、福井県生まれ。敦賀気比高時代は投手兼内野手で、甲子園、アジア選手権日本代表として活躍し、98年ドラフト1位で広島東洋カープへ入団。松坂大輔と同学年同期、いわゆる松坂世代の一人として注目された。身長171㎝とプロとしては小柄だが、抜群の野球センスを活かし、球界屈指のリードオフマンとして活躍。08年オフに球団史上最年少（28歳）でＦＡ権を取得したが、「カープで日本シリーズに出場したい」「必要とされる限りカープに残りたい」と発言して残留し、ファンから絶大な支持を得た。13年には一般社団法人日本プロ野球選手会第12代理事長に就任。14年からは選手兼2軍野手コーチ補佐としてチームのために尽力し、現役引退までの17年間カープ愛を貫いた。16年もカープに残り、1軍打撃コーチに就任。

年度別成績

年度	所属球団	試合	打席	打数	得点	安打	二塁打	三塁打	本塁打	塁打	打点	盗塁	盗塁刺	犠打	犠飛	四球	死球	三振	併殺打	打率	長打率	出塁率
1999	広島東洋	78	267	233	25	53	5	1	0	60	7	8	2	18	1	14	1	34	5	.227	.258	.273
2000	広島東洋	119	485	429	62	112	18	2	3	143	28	17	6	22	3	29	2	87	7	.261	.333	.309
2001	広島東洋	140	637	545	82	143	22	5	5	190	35	26	9	49	4	35	4	84	8	.262	.349	.310
2002	広島東洋	107	437	377	41	90	7	1	1	102	17	12	8	35	2	20	3	44	5	.239	.271	.281
2003	広島東洋	47	92	82	8	12	0	0	0	12	1	3	0	6	0	4	0	11	3	.146	.146	.186
2004	広島東洋	76	85	75	17	18	0	1	1	23	3	5	1	5	0	4	1	18	1	.240	.307	.288
2005	広島東洋	39	75	67	8	14	2	0	1	19	3	2	3	3	0	5	0	16	2	.209	.284	.264
2006	広島東洋	138	550	504	57	142	10	1	0	154	23	11	18	14	2	27	3	60	7	.282	.306	.321
2007	広島東洋	132	516	458	57	123	12	0	0	135	15	13	4	22	2	33	1	55	3	.269	.295	.318
2008	広島東洋	138	576	522	76	162	12	1	0	176	31	13	8	24	4	24	2	63	1	.310	.337	.341
2009	広島東洋	142	625	558	71	164	16	8	0	196	26	14	7	19	3	44	1	39	5	.294	.351	.345
2010	広島東洋	108	492	454	53	121	15	7	1	153	40	10	7	10	1	26	1	55	4	.267	.337	.307
2011	広島東洋	137	601	543	60	151	17	3	0	174	27	8	6	18	2	35	3	71	7	.278	.320	.324
2012	広島東洋	91	282	247	15	61	8	0	0	69	6	1	2	19	0	13	3	22	3	.247	.279	.293
通算		1492	5720	5094	632	1366	144	30	12	1606	262	143	81	264	24	313	25	659	61	.268	.315	.312

「背番号2」が、グラウンドを駆け回っている。新米コーチがまるで選手のように見えるのは、いまだ背番号が現役時代のままだからというわけではない。

2015年限りで広島東洋カープを引退した東出輝裕は、1軍打撃コーチという新たな肩書きを背負い、早速宮崎県日南市の秋季キャンプに参加している。引退後もこれまで通りに筋力トレーニングを続け、合間には素振りを欠かさなかった。緊張感を切らさずに過ごしてきただけあり、体形と体の切れは現役時代と変わらない。

「体を鍛えるのは、もはや趣味。これから選手に教えていかないといけないのに、コーチの自分ができないようでは話にならないでしょう」。35歳。コーチとしての新しい背番号が届くのはもう少し先だが、指導者として意欲の高さが言葉ににじむ。

「うちの若い選手はすごくまじめで礼儀正しいんですよ」。例えば遠征先のホテル。夕食後、使い終わった食器を各選手が厨房へ運ぶ。「ほかのチームではあまり例がないのかな。従業員の方々に褒められることがたびたびある。なんだか自分が褒められたことのようにうれしい」

現役への未練は、全くない。「もともと切り替えは早い。選手よりもコーチの方が向いているタイプだと思う」。プレーヤーとして全てをやりきったという充足感がある。

松坂世代のスター選手だった東出

走攻守の三拍子そろった好選手だった。バットを少し短く持って、シャープなスイングで広角に打ち返し、守備、走塁も堅実。通算17年間で１４９２試合に出場し、１３６６安打。２００８、２００９年は二塁手のベストナインも獲得した。ただ、1年ごとの成績を丹念にたどると、その浮き沈みの激しさは際立っている。入団直後、レギュラーとして輝きを放ったのが第一幕。しかしその直後、大不振に陥り、不遇の2軍暮らしを余儀なくされる。そして30歳を前にして、再びレギュラーをつかんだと思えば、最後の3年間はけがによるリハビリに苦しんだ。

いい時も、悪い時も存分に経験した。「地獄も見たしね」。東出の言葉からは、その自負ものぞく。

「松坂世代」の一人。1999年、福井・敦賀気比高からドラフト1位でカープに入団した。「同じ年にはすごい選手がそろっていた。あの年のドラフト会議は直前までカープは2位か3位で僕を指名するのではないかと言われていた。だから1位で獲ってもらえるなんて、ありえないことだった」

喜び同様、戸惑いも感じながら、広島の地へ飛び込んだ。2月、初めての春季キャンプで味わった衝撃は今も忘れることができないという。2軍スタートだったが、当時押しも押されぬ主力選手だった野村謙二郎と前田智徳が突然、2軍のグラウンドである宮崎県日南市の東光寺球場に姿を見せたことがあった。

1軍組が練習する天福球場から車で約20分の距離。そこには新聞記者やテレビクルーなどマスコミ関係者の姿はない。周囲の雑音が聞こえない環境で打ち込むためだった。

「お前ら、あの2人の打撃をしっかり目に焼き付けとけよ」。2軍の首脳陣からそんな声が飛んだ。言われなくても、そうするつもりだった。グラウンドの隅から一挙手一投足も見逃さぬように、フリー打撃の光景を注視した。

圧倒的。そんな言葉しか頭に思い浮かばなかった。野村と前田のスイングに力みはない。けれど、右翼に引っ張った打球は次々と観客席に放り込まれる。左中間に流し打っても、ライナーでフェンスまで到達した。

福岡・東筑高からドラフト2位で入った井生崇光と顔を見合わせた。「これはやばい。俺たち、とんでもないところにやってきたな」。自分たちはどれだけ大きくバットを振り回しても、打球は全く飛んでいかない。「次元が違う」と途方に暮れた。

あきらめに似た感情とは裏腹に、東出は1年目の途中から出場機会に恵まれた。1軍の野手にけがが人が続出したことが追い風となった。

1999年は78試合に出場し、53安打を放ち打率2割2分7厘をマーク。生まれ持った俊足、強肩。171センチの小柄ながら、体幹は強い。機動力野球を志向する「カープ向き」の選手と評され、将来を担う人材として期待を寄せられた。

2年目の2000年には遊撃のレギュラー奪取に手をかけた。出場119試合で、打率2割6分1厘。2001年には140試合で143安打、打率2割6分2厘と成績を伸ばした。20歳そこそこの若者が、プロで堂々のスタートを切ったのである。

俺はもうプロでやれる――。高校生からプロ野球に入った選手の中には周囲にちやほやされることで、そう勘違いするケースも少なくない。しかし東出に油断は全くなかった。「自分はまだまだ未熟だった。プロのレベルに達していないのは、周囲と比べればすぐに分かりましたよ」

入団時のカープは球界屈指の強力打線を形成していた。

遊撃に野村、三塁が江藤智、外野は前田、金本知憲、緒方孝市。多くが故障持ちではあったが、コンディションが万全なら全員が他球団でクリーンアップを打てる選手である。スイングの迫力や飛ばす打球の勢いは高校を出たばかりの東出とは比べるまでもない。レギュラー奪取の優越感に浸る暇はなかった。

「最初のころはある程度、ごまかしで打つことができていた。配球のやまを張ったり、たまにはフルスイングしたり、当てるだけの打撃をしたりして、どうにかこうにかヒットを打っていた」

安打になった理由を自分では説明できないようなラッキーヒットも少なくなかった。これなら打てる。そんな打撃の基本と自信をつかみたいと焦った。

2001年10月04日撮影

若いころの東出が打撃の悩みをよく相談していた先輩がいた。入団直後の春季キャンプで、圧倒的な打撃を見せ付けられた前田である。

年齢は9つ上。ファンから「孤高の天才打者」「侍」などとあがめ奉られたバットマンだ。マスコミ関係者はもちろん、チームメートでさえも、近寄るのを戸惑うような威圧感を全身から発していた。

丸刈り頭の少年は、そこに躊躇せず飛び込んだ。「前田さんは運転免許がなかったので、オフの期間などは僕が家から練習場までの運転手を買って出たんです」。一見、ぶっきらぼうで無口な前田だが、本来の姿はおしゃべり好き。次代を担う研究熱心な若者が自分を頼っているとなれば、決して嫌な気はしなかったのだろう。

広島市内の自宅から広島県廿日市市の大野屋内総合練習場までの道中。スイングの基本、軸足の使い方、バットのヘッドの正しい軌道、状況別の配球の読み方…。ハンドルを握りしめながら、同じ左打者である前田の発言一つ一つを聞き漏らすまいと耳を傾けた。当時のインタビューでは決して語らなかった天才打者の打撃論。宝の山だった。

チームメートの朝山東洋や森笠繁もよき相談相手であり連日、打撃論に花を咲かせた。助言を求めたのは、チームメートだけにとどまらなかった。

高校時代からあこがれていた中日の立浪和義を前田に紹介してもらった。愛用のバットを譲ってもらうなど親交を深めた。試合中も立浪が打席に立つと目を皿のようにして見つめた。

そして一つの結論に達する。「みんなの話を聞けば聞くほど、プロではフォークを打たなければ通用しない、ということが分かったんです」

相手投手が右投げであろうと、左投げであろうと、無走者でも得点圏に走者がいても、自分のような左打者への配球には一つの傾向がある。フォークが決め球、もしくは配球の鍵となることである。

大事なのは速いストレートにタイミングを合わせて待ちながら、いかにフォークをバットの先っぽで拾うことができるか。その逆もある。フォークを打ち返すつもりで待っていて、ストレートで攻められた時、何とかファウルで粘って、逃れることができるか。

よく覚えているのは中日戦だ。黒田博樹と立浪が対戦した場面。「立浪さんは黒田さんの１４０キロのフォークを強く意識しながらも、１５０キロ以上のストレートが来てもそれに合わせ、三塁スタンドへファウルを打っていたんです。ああ、やっぱりポイントになるのはフォークの対応か、と」

偉大な先輩打者たちの助言を下に、東出は打撃の神髄に迫ろうとした。ところが、その一端に触れそうになっても、簡単には理想の打撃はつかめなかった。それこそがバッティングの難しさであり、面白さだと今なら言える。だが当時、打撃力が一向に上向かず、悩みは尽きなかった。

４年目以降、東出の1軍出場はみるみる減っていく。２００２年は１０７試合に出場したものの、２００３年は47試合、２００４年は76試合。そして２００５年、グラウンドに立ったのはわずか39試合に落ち込んだ。まだ20歳代前半。大きな故障があったわけではない。プロの世界を甘く見て、練習や試合で気を抜いたわけではない。物欲もなく、ブランド品には無頓着。普段の私生活で遊び回ったわけでもない。自然と、しかし着実に周囲の評価は下がっていった。

東出がいう「地獄」とはこれら不遇の時代を指している。以前と力は変わらないのに首脳陣からそっぽを向かれたのは、なぜか。

「プロ野球選手というのは入団したてのころは、周囲からいいところだけを見てもらえる。逆に言えば、プラス面しか見られないものなんですよ」。新鮮さもある若い選手に対し、首脳陣は長所に焦点を当てる傾向がある。足が速い、動きがすばしっこい、長打力がある…。「選手の長所を伸ばしたい」という親心もあり、少しのミスは目をつぶってくれる。

「でもね、試合にずっと出続けているとどうしても悪い面ばかりが目立つようになるんです。こんなクソボールを振ってしまう打者なのか、これほど守備が悪いんだとか」。試合に出ていた入団からの3年で、限界を首脳陣に感じ取られた。

「最初の3年間で、悪い面が全て出てしまったんでしょうね」

東出のケースでは、失策数も首脳陣の評価を下げた一因だった。入団2年目の2000年は失策が25個、翌2001年も27個。減るどころか、増えている。内野の要であるショートでというポジションで一向に上達が見えないのは、チームにとって致命的でもあった。

「実は遊撃より二塁が自分に合っていると当時は思っていました」。練習の合間に二塁手の定位置に立ってみる。そこから見える景色には違和感がなかった。「理由はうまく説明できないのですが…。もともと高校時代は投手で、内野の経験が少ないことも関係していると思う」

当時、同期入団で主に三塁を守った新井貴浩と比べられることも多かった。新井も守備が苦手でエラーは多い。だが誠実な性格で、ノック中は常に大きなかけ声を出し、ナインを鼓舞することができた。「僕は覇気がないと指摘されました。もちろん強い気持ちはあるのだけど、表に出すのがうまくなかった」。必死さが伝わりにくい性格で損もした。

首脳陣の期待の大きさと比例するように、それに応えられなかった時の反動も大きくなる。「東出は終わったのか…」。それまで1軍のグラウンドが主戦場だった男が周囲に力不足を見限られ、ファンの支持も失いつつあった。球団のトレード候補の一人にも名前が挙がっているという噂話も耳にするようになった。

「若くて、まだまだ体は動いた。元来、打つことは大好き。もしもカープから他球団にトレードに出されたとしても、俺はまだできる、と腹をくくっていた」

膿を全て出した後、本当の勝負が始まる。諦めなければ、もう一度レギュラーへの挑戦はできる。そう自分に言い聞かせた。先が見えない闘いだった。しかしそれらの日々は無駄ではなかった。

どん底のある日、手にした〝特別な感覚〟

2軍落ちし、くすぶっていた東出が、大きな転機を迎えたのは2005年の夏である。

その日のことは10年以上たった今でも頭に残っている。2軍の練習場である山口県岩国市の由宇球場は、外野フェンスの奥に山がそびえ、どこか牧歌的な雰囲気が漂う野球場。

今でこそレプリカユニホームに身を包んだ多くの「カープ女子」が足を運び、入団したてのイケメンの若ゴイたちに、黄色い声を浴びせている。しかしそのころのスタンドは人影まばら。内外野の芝生に座っているのは、カープが初優勝した1975年の「赤ヘル旋風」からチームを追っかけているようなオールドファンばかりだった。

ウオーミングアップを終えた後のこと。東出は素振り用の2キロ以上の重さがある鉄のバットを握り、ティー打撃に取りかかった。

その瞬間、バットの先が「トトン」と走った。

その一振りだけ、打球音が違った。

突然、舞い降りてきた「特別な感覚」だった。「あれ、これかな。こうやって打てばいいのかな」。その日の試合では緩い変化球で体勢を崩されそうになっても、体の左側が前につっこまず、粘って対応できた。

前田の話に耳をそばだて、立浪の打席内容を凝視し続けてきた東出にとって、それこそが追い求めていた感覚だった。

「あれからバッティングがもっと楽しくなったんです」。それまでならタイミングを崩されると、上体が突っ込んで二ゴロ、遊ゴロになっていたフォークを、バットの芯でつかまえることができた。「打てないような球が打てるようになった。できないことができるようになった」。新しい景色が見えてきた。

その2005年、2軍での打撃成績は127打数46安打で、打率は3割6分ちょうど。三振は5つしかなかった。「2軍での成績とはいえ、この三振の少なさは異常でしょ」と胸を張る。

その年は最後まで1軍からほとんど呼ばれなかった。しかしプロ入り後、最大級の充実感が胸のうちには満ちていた。


野球選手に突然、「特別な感覚」が舞い降りる。それは時に、一流と呼ばれるプレーヤーだけが味わえる感覚なのかもしれない。

広島の例でいえば、前田健太投手がそれを経験した。入団4年目の2010年4月8日、神宮球場でのヤクルト戦。三回、カウント2ボール2ストライクから田中浩康に対し、149キロの外角直球を投げた。「リリースの最後の最後で指先に力を込められた。何とも言えない感覚が舞い降りた」。試合後、うれしそうにそう明かした。その年は15勝（8敗）を挙げ、自身初の沢村賞を獲得した。

イチロー（米大リーグ、マーリンズ）にもよく知られた逸話が残る。1999年4月11日、ナゴヤドームでの西武戦の九回の打席。西崎幸広に二ゴロに打ち取られた時、「目の前の霧が晴れた」と後のインタビューで語ったという。

きっかけをつかんだ状況や各自のレベルは同じではない。ただ東出が味わったのも、それらと似た感覚だったのは間違いない。

「打者それぞれによって微妙なニュアンスは違うのでしょうけど、結局みんな同じものを求めているのではないですかね。長く野球をやっていたら、打撃の感覚をつかむかもしれない。だけど、それが自分にいつ訪れるのかは分からない。例えば野村さんや前田さんのような天才は、入ったころからある程度、感覚をつかんでいて、それをより高いところに持っていこうとしていたのではないでしょうか」

「コーチによって、教える内容が違う」——。1、2軍を行ったり来たりする伸び悩む選手は、よくこんな嘆き節を漏らす。だが、指導者が選手に伝えたいことの根っこは同じではないか。正しい体の動かし方、正しい打撃フォームを身に付ける。そこにたどり着くための表現方法や練習方法が、それぞれのコーチによって違うだけだ。

とことんバットを振り込む。寝ても覚めても打撃のことを考える。そうしないともっと上のレベルには到達しない。「特別な感覚」が舞い降りてくることも決してないだろう。

「あの感覚をつかむのがあと5年遅かったら、これほど長くユニホームを着続けることはできなかったと思う」と東出はいう。それは幸運であり、努力の賜物でもあった。

手応えと自信を胸に、逆襲を期す2006年シーズンが始まろうとしていた。

前年の2005年、58勝84敗4分けで12年ぶりの最下位に沈んだ広島は、その年限りで山本浩二監督が退任した。代わって就任したのは、1975年のジョー・ルーツ氏以来の外国人監督となるマーティー・ブラウン氏。

新体制発足を機に、カープは世代交代を推し進めた。中でも注目は、大学生・社会人ドラフト3位で日産自動車から入団した梵英心。東出と同じ1980年生まれで、「松坂世代の最後の好選手」と言われていた。

ほかの内野のポジションにも、華麗な守備力に定評がある山崎浩司、チーム一の俊足を誇る松本高明らフレッシュな選手がそろった。

指揮官が代わるタイミングはレギュラー外の選手にはチャンスとなる。だが東出の場合、それは特に当てはまらなかった。旬が過ぎた選手だと思われており、置かれた立場は「内野の5、6番手」。追い込まれた状況だった。

オープン戦では、専門外の外野を守ることを命じられた。それでも相変わらず打撃は好調で、28人の開幕1軍入りを果たした。ただ開幕カードを終えて4戦目を迎える時に開幕ベンチを外れたローテーション投手が新たに登録される。野手の誰かが出場選手登録を抹消されるのは決まっていた。降格の最有力候補は東出だった。

だから、開幕カードに懸けていた。迎えた3月31日の中日との開幕戦（ナゴヤドーム）。シーズン最初の打席は0―0の七回1死無走者に訪れた。先発黒田に代わり、代打のコール。マウンドは川上憲伸。その相手エースからしぶとく左前へ打ち返した。「1軍の座を死守した」瞬間だった。

その後も故障がちのベテラン選手の代打、代走を務めながら、結果を残した。ライバルの野手陣が不振に苦しむ中、東出は成長した打撃をブラウン監督にアピールし続けた。

5月に入ったころには、二塁手のレギュラーの座を奪い返していた。「東出―梵」

の若い二遊間は、球界でも有数のコンビとなった。

「自分にとっては2006年がスタートだと思う。入団直後ではなく、こっちが本物。いいものも悪いものも全部さらけ出して、さあ、そこからという感じだった」。あの日、早朝の由宇球場でつかんだ「特別な感覚」に嘘はなかった。


巻き返しの第二章が幕を開けた。2006年は138試合に出場し、142安打、打率2割8分2厘。4年ぶりに規定打席に到達した。

長く二遊間でコンビを組んだ梵は東出のプレースタイルについて「犠牲心がすごい」と評価する。当時の打順は「1番梵、2番東出」の並びが多かった。梵の出塁後は二塁へ盗塁するまで待球し、カウントが悪くなると体勢を崩してしぶとく進塁打を転がした。

梵は言う。「僕がある程度、目立つ働きをして、それを東出が影で支えてくれていた。1、2試合ならともかく、そんな献身的なプレーをずっと続けられる選手は東出以外そうはいないのではないでしょうか」。2006年の新人王、2010年の盗塁王のタイトル獲得は「あのサポートが大きかった」と言い切る。

東出はしばらく安定的に成績を残した。試合で対戦するのが好投手であればあるほど、喜びを感じるようにもなっていた。中日・吉見一起、チェン、巨人・西村健太朗、山口鉄也、阪神・藤川球児らが全盛期だった時代である。

「いい投手のものすごい球が自分の目の前を通過する。それを打席で味わうのが楽しかった。時には狙ったところにヒットを打てる、という感覚もあった」。直球は詰まってショートの頭を越す。変化球は一、二塁間に転がす。イメージした通りの打撃ができるようになっていた。期待先行で使われた新人時代とはまるで違う気持ちでグラウンドに立っていた。

試合の経験を重ねながら、自身の「野球偏差値」も上げた。相手の主力打者に打順が巡ると守備位置から「いい打者はどんな動きをしているのか」とネクストバッターズサークルでのそのしぐさからルーティンまでを研究した。ファウルを打つ方向やバットの始動のタイミングから狙っている球種、コースなども読めるようになった。

ある中日戦ではこんな経験もした。強雨でグラウンドがぬかるみ、打席で足を置く位置にくぼみができていた。試合終盤の打席では足場を固めるため、それまでよりスパイク一足分ほど投手寄りに立った。捕手の谷繁元信がぽつりと言った。

「東出、何をするつもりなんだ」

「雨が振っているのに集中力を切らず、打者のほんの少しの変化を見ている。やっぱりすごい捕手は違うなと思った」。主力選手としてチームを引っ張る日々は刺激的であり、野球が上達していくにはもってこいでもあった。

カープ愛を貫いたその舞台裏

プロ入り10年目となる2008年、国内フリーエージェント（FA）権を取得した。プロ野球選手にとって自分をアピールするのにとても重要となる1年は、東出にとってのキャリアハイのシーズンとなった。

この年は開幕から面白いようにヒットを量産。シーズン途中まで3割4分台をマークし、首位打者争いを展開した。結局、打率3割1分でシーズンを終えたが、初のベストナインを受賞した。

オフの移籍市場では目玉選手の一人としてスポーツ新聞紙上を賑わせた。二塁手を求める阪神や巨人ら資金力が豊富な球団が、獲得を熱望しているという記事も出た。

黒田と新井がカープに電撃復帰を果たした2015年、「カープ愛」というキーワードが世間を賑わせたのは記憶に新しい。年俸が激減しても、自身を大きく育ててくれた球団で最後はプレーして終えたいという行動は、選手の誠実さを伴ってファンに受け入れられる。

当時の東出も、シーズン終了後の早い段階で「育ててくれた球団。ドラフト1位で獲ってもらい、僕が出て行くのは筋違い」とチームへの愛着を口にしている。実にあっさりとした残留表明。はた目には、そう映った。

中国地方の地方都市にある広島東洋カープ。チーム創設時の資金難は、広島市民のたる募金で補ったという伝説が残る。2009年のマツダスタジアム建設の際も、たる募金で建設費用を集めた。みんなから市民球団と呼ばれ、球団と選手は家族のような親密な関係を築いている。選手にとって、やはりどこか惹きつけられる雰囲気があるのだろうか。

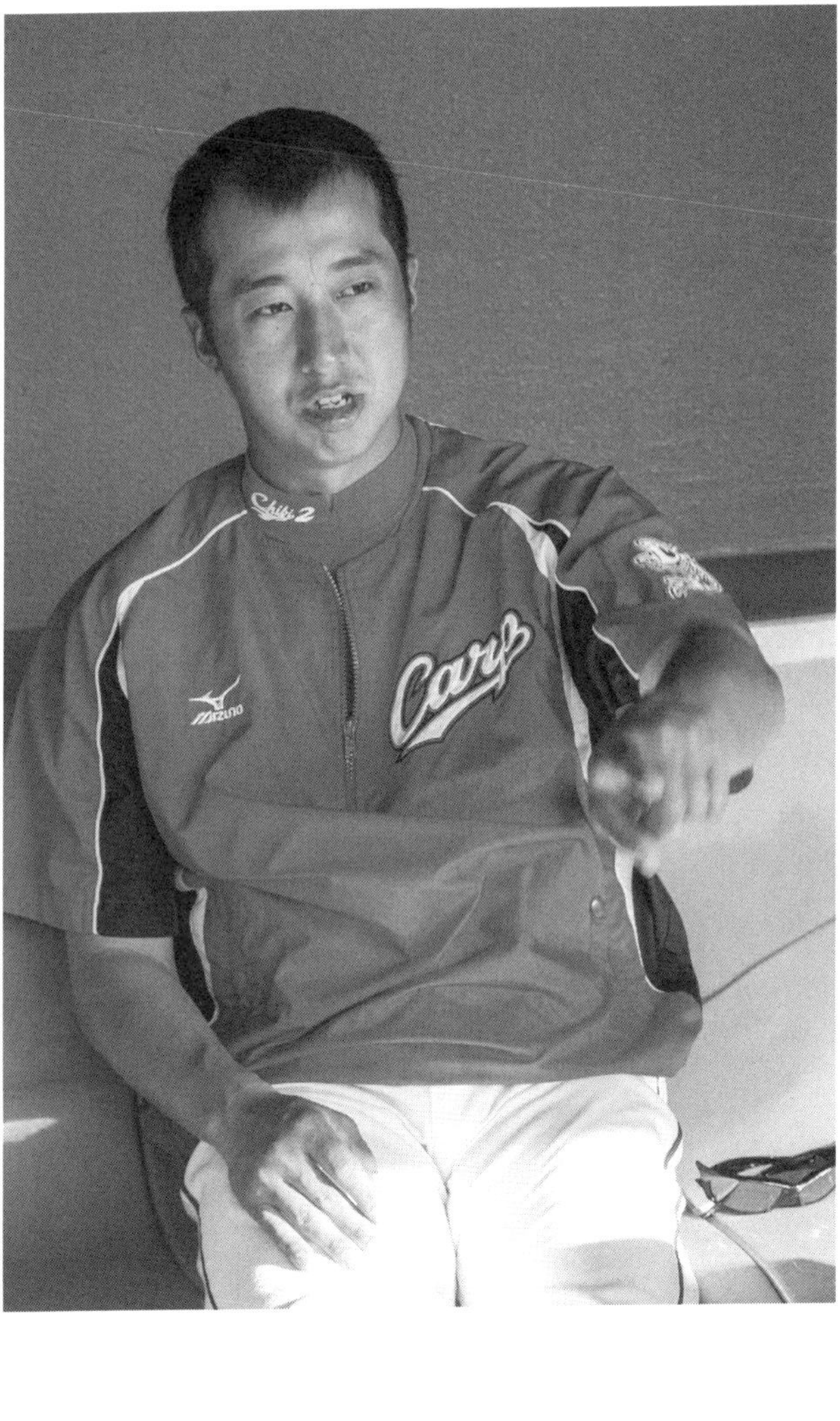
Carp
MIZUNO

「正直言うと、あの時は移籍したい気持ちもあった」。移籍することで新たな指導者やチームメートに巡り会える。野球人として力を高められるのでは、と思った。「ずっと広島にいるもののいいが、いろいろな人と巡り会えれば、それはそれで自分の経験になるし、楽しさもあるのかなと。2人の弟はアパレルと飲食関係の仕事をしているのだけど、いろんな分野、業種の知り合いがいて、それは本当にうらやましい、と思っている」

当時、試しに家族や友人、球団幹部、学生時代の恩師ら自らを良く知る10人に「自分がFA移籍したらどう思うか」と聞いて回った。

するとほぼ全員から「広島に残った方がいい」と言われた。それらの答えが残留を決断する一番の理由になった。

「結局、僕らプロ野球選手は他人の評価で生きているのだと思う。当然自分の意志はあるけれど、他人から評価されているというのが事実です。自分は周囲の人に『残るべきだ』と見られていた」。「東出」という選手は広島を出て行くべきではない。多くの人がそう思っていた。それら全ての状況を総合的に判断し、進む道を定めた。

東京や大阪など都会で生活するのは性に合わないとも感じた。「広島は住むのにはちょうどいい感じですよね。ただし地元の福井県にもしプロ野球チームがあれば、移籍したかもしれない」と苦笑する。

「広島カープ一筋」の野球人生となることは、そうやって決まった。

打撃の成長が著しかった２００６年から２０１１年までの６年間は、コンスタントに出場し、毎年１２０～１６０本台の安打を放っている。しかし個人タイトルはおろか、打率３割到達も１度のみ。もっとできる、という思いはなかったのか。

「結局、自分には長打力がないから厳しかった」という。相手投手が状況によっては「シングルヒットなら打たれても構わない」と細かなコースを狙わず、思い切って腕を振ってくる。「今の野球はどんどん進んでいて、二塁打や本塁打が打てないと駄目。長打がある選手がうらやましかった。僕は最後まで前田さんや立浪さんが打席で見ていたような景色を体験することはできなかった。ただ、最低限はチームに貢献できる力は付いていていたとは思う」

バントや進塁打、時には待球も求められる「2番打者」という働き場。梵が振り返ったように個人成績に重きを置いてプレーするタイプではなかった。加えて言えば、出続けているとはいえ、クリーンアップの打者のように毎試合の勝敗を決定付けるポジションでもない。自らの立ち位置を俯瞰的に見て、その中で自分がやれる仕事に集中していたという自覚があり、そこに自負心もあった。

山あり谷ありだった東出の現役生活は、ついに最後の「谷」に直面した。2013年の春季キャンプでの紅白戦。本塁クロスプレーが運命を分けた。

2月28日、場所は日南市の天福球場。二塁走者として、打者の左前打で本塁へと疾走した。生還には際どいタイミング。本塁で捕手の倉義和と接触しそうになった。「(紅白戦で)倉さんにぶつかるのもあれだし、よけようかな」。走りながら、倉の背中側に回り込もうとした。すると外野からの返球が、東出が動いていた方向にそれてきた。「走りながら、二回よけようとしたことで足がぐりっといった」。倒れ込んだ。

左膝前十字靭帯断裂。復帰まで9カ月と診断された。開幕1カ月前にして、その年グラウンドに立つことがほぼ絶望的だと医者に告げられた。

「けがした瞬間に、もう駄目だなと思っていました。（引退するための）いいきっかけになる」。そんな思いが頭をよぎった。あっさりした心境だった。

野球を始めた時から走ることを武器にしていた選手にとって、商売道具の足に負ったけがは影響が大きすぎた。リハビリがうまくいって復帰できたとしても、故障前のように塁上で相手バッテリーを揺さぶることは二度とできない。それは自身の野球観に合わないと感じた。

若い頃、先輩たちの悲壮な姿を見たことも覚えている。野村、緒方、前田ら俊足だった選手が大きな故障に見舞われ、歯を食いしばってリハビリをこなしていた。「あんなつらいリハビリは到底まねできない」

「けがをしてしまったのは（クロスプレーの際に）公式戦とは違う動きをしようとしたから。本番ならば捕手のミットを目がけて、スライディングしたはず。もっと言えば、打った瞬間に本塁に生還できないタイミングだろうと自分では分かっていた。それなのに突入したのも間違いだった。そういうことをしてはいけないと勉強になった」
この左膝の靱帯断裂を機に東出が1軍舞台に立つことは二度となかった。

故障、そして選手兼任コーチへ

故障した1年は、2軍戦に出ることもかなわなかった。それどころかトイレにしゃがむのも一苦労で、階段の上り下りも手すりにすがりながらこなした。「かけっこしたら、小学生の娘にも負けるくらい」。復帰への展望が一向に開けない中、マツダスタジアムでは希代の選手が台頭していた。その名を菊池涼介といった。

2012年、中京学院大からドラフト2位で入団した菊池は、その身体能力を生かし、瞬く間にその存在を世間に広めた。現役時代名遊撃手としてならした石井琢朗コーチから「野生児」と評された逸材。センターに抜けようかという打球に素早く追いつくと、くるっと回転して一塁へジャンピングスロー。一、二塁間の打球も飛びついて軽々とアウトにする。身のこなしは軽く、忍者のような動きをした。

東出が故障した２０１３年、二塁手のゴールデングラブ賞を受賞。２０１４年には2年連続のゴールデングラブ賞とともに打率3割2分5厘を残し、大ブレーク。侍ジャパンにも選ばれるようになった。東出の戻る場所はなくなった。

世代交代の声が聞こえた。動かない左膝のリハビリと向き合う日々に、菊池の全身バネのような身のこなしを見ても、東出には全く悔しいという感情が湧いてこなかった。

「(悔しさは) 本当になかった。うまいくらいに (チーム内の) 入れ替わりができたなと思った。例えば、高校野球の代替わりみたいなものかな」。高校3年夏、最後の試合で敗れると選手は引退する。その秋から新チームが始動。その新チームの1年生にすごいプレーヤーがいたとしても、3年生にとって悔しい思いは生まれない。むしろ来年、母校はもっと強くなる、との期待が膨らむ。そんな気持ちだった。

「これからカープというチームは丸 (佳浩) と菊池が引っ張っていく。彼らが僕らの世代が味わった苦しみをまた味わっていかないといけない。チームが大変な時もくるだろうし、選手として自分の立場が悪くなる時も必ずある。けれど、どんな時でもレギュラー選手は頑張っていく必要がある。そして悪い時にこそ、普段の立ち居振る舞いだけは変わってはいけないんです」

緒方監督が菊池と丸をリーダーに指名した2015年シーズン、2人の成績は落ち込んだ。菊池の打率はセ・リーグ20位の2割5分4厘、丸は同23位の2割4分9厘。打率ランキング20位以下に2選手がいたのは、カープだけだ。東出が心配したように、伸び盛りだったはずの若い2人はプロの壁にぶち当たった。どんな潜在能力があろうとも、右肩上がりで成績を上げていくのは簡単ではない。

故障2年目の2014年も2軍で過ごした後、球団から「選手兼任コーチ」という新たな肩書きを与えられた。実は一度は球団幹部に対し、引退の意思を伝えたが、「主力にけが人が出た時のサポートと若い選手を指導してほしい」と慰留されていた。「もう1年だけ」という気持ちで最後のシーズンに臨んだ。

1軍の舞台に立つ可能性は限りなく低かっただろう。それでもなお東出の取り組みは真剣さを増した。

2軍組は日頃、若い選手が生活する大野寮を午前8時に出発し、本拠地の由宇球場へ向かう。そこから逆算し、東出は午前6時に寮に隣接する大野屋内総合練習場に到着。トレーニング場で自転車のマシンをこぎ、けがをした左膝の可動域を広げるストレッチや腹筋などもこなしてから、由宇球場へ向かう車に乗った。

プレーボール前の練習でも若い選手の打撃の手伝いをすることに多くの時間を割いた。自身の練習時間は試合中。ベンチを抜け出し、サブグラウンドで打ち込んだ。

「もう終わりの選手が、これからの選手の邪魔をするわけにはいかない」。それでも代打で打席に立つことも少なくはない。「毎日スイングの感覚は違うから、振り込んではおこうとは思った。若い選手に普段、偉そうなことを言っている以上、打席で無様な姿は見せられなかったのもある」。引退間際の選手とは思えないほど練習量は多かった。

猛練習――。それは広島に根付く伝統でもある。「プロ選手は自分ができることをやらないといけない。ヒットを必ず打つことはできないけど、毎日準備して、ベストの状況で試合に臨むことはできるはず」。チームメートや同僚らそれまで目の当たりにした一流選手、長くプロでやっている選手たちは決まってルーティーンがしっかりしていた。

2軍で打ち込みを続ける中、東出はある不思議な感覚にも襲われていた。「バッティングの状態はプロ入り以来、一番いいかもしれない」と。

年齢を重ねると、どうしても体の反応が鈍くなる。それはコンマ何秒という細かな単位。端から見ていては決して気付かない差である。

反応が遅れることの対策として東出は「体を使う」というイメージから「バットを使う」というイメージに変えたという。「打者それぞれによって持っている感覚が違うから、絶対だとは言い切れない。だけど正しく道具（バット）を動かすというイメージにすれば、正しく体が動くのではないかと思った」。新たな発見だった。

その成果もあって、2015年もまずまずの成績を残した。2軍とはいえ出場22試合で、19打数6安打、打率3割1分6厘。由宇球場に東出の名前がコールされると、スタンドのお客さんからは大きな拍手と歓声がわき起こった。最後の輝きを放つベテランをファンは祝福していた。

１軍が極度の貧打に苦しんでいただけに、マツダスタジアムでもその勇姿を見たいという声もあった。それでも最後まで緒方監督はベテランを１軍に昇格させなかった。時計の針は逆には回らなかった。

黒田、新井が復帰し、開幕前に優勝候補に挙げられたカープはリーグで唯一、一度も首位に立つことがないまま、４位でシーズンを終えた。

２０１６年、カープ再出発のために

全日程終了後の10月８日、「東出引退」の公式発表の広報メールが一斉に報道陣の下へと届けられた。松田元オーナーは「１年目から１軍で出場して、苦労してきた選手。後輩への面倒見もいい。これからの精進に期待したい。最後の終わり方としては寂しい」とコメントした。

マツダスタジアムで引退試合を行うことは、東出自身が固持した。

大勢のファンを前に、勝負度外視の引退試合で打席に立つことは嫌だった。「これまで真剣勝負の中で打つか、打たないかというのが楽しくてやってきた。そうではないところで打席には立てないし、そのために練習することもできないですから」。極力目立つことを嫌うシャイな性格の男らしい選択となった。

「プロ野球選手には向いていないなかったと思います。ファンに愛想もよくできないし、サインもしてこなかった。照れもありましたしね。ただ、こればかりは生まれ持っての性格だから仕方ない。父親は営業マンタイプで社交性があるけど、母親がさばさばとした人。僕はそっちに似た」

自己評価は低いが、キャンプ地などでサインをする東出の姿は何度かあった。それらの多くが野球少年に対してのもの。サインはほしいが、プロ野球選手を前にして赤面し、色紙を差し出せない少年たち。そんな子供を見つけると、「こっちおいで」と手招きし、サインを書いた。

困っている人に手をさしのべたくなる元来の「兄貴肌」。その性格は指導者として生かされるかもしれない。

「気持ちの切り替えがすごく早い」。そう本人が認めるだけあり、すっかりコーチ業は板に付いている。

就任早々の紅白戦では前田がマウンドに上がった。東出は緒方監督にこう進言した。「マエケンはスライダーでカウントを取ってきます。打者には(スライダー)一点絞りの指示を出しましょうか」

長く1軍から離れていても、シーズン中は毎晩、プロ野球の公式戦をテレビで見ていた。リモコンでチャンネルを逐一変えながら、各球場の試合をチェック。「マエケン対策」のスライダー狙いも、その時から温めていた攻略プランの一つだろう。

昔から頭の中で考えを整理して、一つ一つのプレーに根拠を必要とした。そんな男ならではのクレバーな野球観を武器に、これからの広島ベンチで存在感を発揮していく。

「コーチになってあらためて思うのは、選手は本当に大変だなということ。シーズンが終わったばかりなのにもう来季へ向け、気持ちを切り替えて、練習している。キャンプで味方と競争し、自分の内面とも戦わないといけない。僕らコーチはその手伝いしかできない」

指導者として初めて迎えた秋季キャンプでは、ノックの時に野手の後ろから野次を飛ばしたり、いい当たりの打球を飛ばしたバッターを大げさに褒めたりしている。20歳代の選手が多いグラウンドは、まるで高校野球のような活気が満ちている。

2016年の広島カープは、再出発を期している。丸と菊池が打線の中心になるのは間違いないが、2人を脅かす存在が生まれないと戦力に厚みは生まれない。

下水流昂、堂林翔太、安部友裕…。1軍でも活躍できる力を備えながら、決め手を欠き、開花しきれない選手が特に気に掛かる。「甘やかすことはしない。だけど彼らの背中を押してあげたい」。自らの苦しみ抜いた現役時代の残像と、彼らをだぶらせているにほかならない。

「全体的に選手の力を底上げしないと。どの選手も打席と自信さえ与えれば、打てる力は持っている。後は野球に取り組む考え方を見直して頑張ってほしい」。どのタイミングで打撃のコツをつかむのかは分からない。「とにかく数を振らせていきたい」

秋季キャンプ地の天福球場に隣接する山並みには「カーン」「カーン」と若い打者たちの打球音がこだましている。

10年前のあの夏、由宇球場で一人の野球小僧の下に突然、「福音」が聞こえた。それは東出という野球選手をある高みへと導いた。

今この瞬間、グラウンドに響く打球音のいずれかに、あの時と同じ種類の音が交ざっているかもしれない。それを聞き逃してはなるまいと、東出は全身全霊で若い選手のバッティングに向き合っている。

Carp

第4章

悔しさとともに積み上げた3021試合

谷繁 元信（横浜—中日）

Motonobu TaniShige

文＝宇佐美圭右（スポーツライター）

谷繁 元信（たにしげ・もとのぶ）

1970年（昭45）12月21日、広島県生まれ。89年に大洋（現DeNA）に入団し、1年目から80試合に出場。その後正捕手の座を掴み、98年には38年振り2度目の日本一に導く活躍を見せた。02年からは中日でプレーし、4度のリーグ優勝、07年の日本一に貢献するなど、ドラゴンズの正捕手としてチームを支え続けた。13年5月6日のヤクルト戦で史上44人目、捕手としては野村克也氏、古田敦也氏に次ぐ3人目の通算2000安打を達成。14年からは選手兼任監督を務め、15年には歴代最多の3021試合出場を達成して27年間の選手生活を終え、専任監督として指揮を執ることとなった。

年度別成績

年度	所属球団	試合	打席	打数	得点	安打	二塁打	三塁打	本塁打	塁打	打点	盗塁	盗塁刺	犠打	犠飛	四球	死球	三振	併殺打	打率	長打率	出塁率
1989	横浜大洋	80	171	154	9	27	2	2	3	42	10	0	0	1	1	13	2	43	4	.175	.273	.247
1990	横浜大洋	75	182	154	8	27	7	0	3	43	16	2	0	8	1	17	2	36	4	.175	.279	.264
1991	横浜大洋	82	221	186	24	44	9	3	5	74	24	5	1	8	2	20	5	39	8	.237	.398	.324
1992	横浜大洋	74	186	162	16	31	9	0	2	46	9	0	0	4	0	18	2	34	2	.191	.284	.280
1993	横浜	114	343	290	22	68	10	2	4	94	26	3	0	7	0	40	6	74	6	.234	.324	.339
1994	横浜	129	415	359	29	82	19	2	5	120	36	0	1	8	1	42	5	94	8	.228	.334	.317
1995	横浜	93	203	181	16	45	7	1	6	72	21	1	0	5	0	17	0	39	2	.249	.398	.313
1996	横浜	127	456	380	36	114	25	3	8	169	54	2	3	14	3	53	6	70	10	.300	.445	.391
1997	横浜	128	489	397	42	92	19	2	13	154	46	2	1	25	3	61	3	71	14	.232	.388	.336
1998	横浜	134	538	461	50	117	23	1	14	184	55	1	2	6	4	62	5	83	13	.254	.399	.346
1999	横浜	122	491	427	55	126	23	0	11	182	51	0	1	7	5	46	6	45	16	.295	.426	.368
2000	横浜	122	493	446	35	112	21	0	9	160	44	0	0	3	1	41	2	91	20	.251	.359	.316
2001	横浜	137	532	447	54	117	19	2	20	200	70	4	2	9	1	65	10	107	6	.262	.447	.367
2002	中日	130	515	446	53	96	21	0	24	189	78	4	0	10	2	49	8	116	8	.215	.424	.303
2003	中日	112	426	367	48	97	20	1	18	173	69	3	2	8	4	42	5	90	11	.264	.471	.344
2004	中日	121	472	408	47	106	11	0	18	171	68	1	0	11	6	42	5	92	10	.260	.419	.332
2005	中日	141	537	449	58	105	22	0	14	169	65	3	2	8	6	69	5	106	10	.234	.376	.338
2006	中日	141	520	428	48	100	22	1	9	151	38	0	0	13	3	71	5	102	12	.234	.353	.347
2007	中日	134	474	382	33	90	15	0	6	123	44	0	1	19	5	62	6	85	10	.236	.322	.347
2008	中日	113	384	329	27	77	18	0	2	101	27	0	1	9	1	39	6	45	9	.234	.307	.325
2009	中日	115	369	298	32	62	7	0	9	96	33	0	0	19	4	44	3	62	9	.208	.322	.312
2010	中日	110	367	308	23	75	15	0	7	111	32	0	1	11	1	42	5	81	5	.244	.360	.343
2011	中日	102	330	277	26	71	10	0	6	99	31	0	0	12	1	38	2	51	5	.256	.357	.349
2012	中日	134	458	386	15	88	14	0	5	117	32	0	1	14	2	52	4	67	15	.228	.303	.324
2013	中日	130	438	379	19	82	12	0	6	112	34	1	2	6	3	46	4	70	11	.216	.296	.306
2014	中日	91	274	226	15	44	11	0	1	58	23	0	1	5	2	39	2	36	8	.195	.257	.316
2015	中日	30	52	47	4	13	2	0	1	18	4	0	0	2	0	3	0	9	0	.277	.383	.320
通算		3021	10336	8774	844	2108	393	20	229	3228	1040	32	22	252	62	1133	114	1838	236	.240	.368	.333

あるラッパーの歌詞を目で追う、偉大なる元捕手。

好きな一節はどこかと問いかけてみると、前屈みにじっと考え、やがてこう答えた。

「俺が好きなところは、ここかな」

〝険しい道をあえて選ぶ〟

メーンストリートとは一線を画し、インディーズにこだわってきたヒップホップアーチスト、ＡＫ―69の『ロッカールーム』という楽曲の一節を中日の谷繁監督が指さした。成り上がりもののハングリーな生き様を歌ったものが多い。谷繁元信の野球人生そのものとも言える。

ただ、プロ野球最多出場記録となる３０２１試合目は、険しい道のはてにのぞいたご褒美だったのかもしれない。

いま明かす、引退試合での想い

２０１５年９月26日──。谷繁は、引退試合を中日の本拠地ナゴヤドームでなく、ＤｅＮＡのホームである横浜スタジアムに選んでいた。

「初めてプロの第一歩を踏み出したところだし、（横浜に住んでいる）子供たちにもオヤジの姿を見せたいと思ってね。最後のわがままを言わせてもらったよ」

最下位脱出を図ろうとする２チームの消化試合が、迫り来る夕闇とともに、温かい声援に包まれていた。試合が終わり、背番号27がゆっくりと、一塁側スタンドに歩みを進める。蛍光色のテープが、次々と投げ込まれていた。

「ターニシゲ！　ターニシゲ！」

ベイスターズファンが、ドラゴンズファンらとともに、声をからしていた。そして、谷繁がライトスタンド付近に差しかかったときだった。突然、横浜時代の懐かしい応援歌が、トランペットから軽快に奏でられた。

「流れてたね。予想をはるかに上回っていたね。ないよね。正直、びっくりしたのと、うれしかったのと。自分の勝手で横浜を出て、ドラゴンズで野球をやらせてもらって、そんな選手に対して、ここまでコールしてくれたのは、うれしかった」
試合では険しい顔を崩さない男が、目を細めている。自らの出発点として、思い出の詰まったハマスタをかみ締めるように、1周した。勝利した横浜のヒーローを差し置いて行われた異例の引退セレモニー。最初で最後のわがままだった。

午後2時から始まった試合では、スタメンで最後のマスクをかぶった。中日のマウンドには、3年目の若松駿太。一回裏を順調に三者凡退に抑えた。そして、二回表のドラゴンズの攻撃は4番からの好打順。打線がつながり、8番・谷繁にまで打順が回ってきた。守備のために準備していたレガースを急いで外し、最終打席に向かった。

「自分が想像していたのは、三回表の打席。はじめは、二回までは守れるかな、って思ってたんだけどね。でも、1打席だけって言っていたので、『ああ、回ってきたな』って思うしかなかった。それでもチャンスだったし、勝ち負けが関わってくる。全球真っ直ぐみたいな感じだったけど、ちゃんとした勝負はできて、自分が打てなくて、終わったんだなと…」

想定外の二回二死一、二塁の先制機だった。2ボール2ストライクで、右打席から左脚を後ろに引くいつものルーティンを行い、ふうっと息を吐いた。そして、5球目を待つ。DeNA3年目の井納翔一が投じたのは、真ん中外角寄りのストレート。絶好球を引っ張ると、当たりは強烈。だが、ショート正面だった。二塁に転送され、フォースアウト。最後の打席を終え、少しだけ天を仰いだ。

「寂しさとか、そういう感情はなかったんだよ。『打ってやろう』って思っていたから。いろんなものをつまめば、もっとこうしとけばよかった、とかあるんだけど、大きくいったら、やり残したこともなかったからね。もう1本打ちたい、とは思ったよ。でも、自分の中では、もうやりきった、というのが大きかった」

通算2109安打目は出なかったが、1万336打席目の感慨は、すがすがしさに満ちていた。

3021──。今後、この選手を言い表すとき引き合いに出されるのが、この数字になろう。プロ野球最多出場試合数。1980年に引退した不出生の名捕手、野村克也（注1）が築いた3017という数字を35年ぶりに書き換えた。

兼任監督2年目となった2015年、指揮官は、チームの再建を託されるとともに、記録更新の期待も背に受けていた。取材でも嫌と言うほど、出場記録のことを聞かれた。だが、本人にどこまでその意識はあったのか？

「なかったね。でも可能であれば、抜きたいっていう思いはあった。ただ、自分が満足なプレーもできないのに、そこに到達しても意味がないとは思っていた。だから、到達するまでは、まだできるっていう思いはありましたよ」

記録を意識しないことはさすがになかった。だが、そこには譲れない留保が存在していた。記録のための出場はしない。少し説明が必要になろう。兼任監督は自身の起用法については、「監督谷繁が必要とする選手にならないといけない」との決意を口にしていた。

2015年のドラゴンズは、大卒6年目の松井雅人のスタメンマスクで、3月27日の開幕戦を迎えた。右肩の状態が上がってこなかった捕手谷繁の初先発は、4月30日の巨人戦（東京ドーム）を待たねばならなかった。それでも、5月4日の甲子園での阪神戦では、ランディー・メッセンジャーから、左翼ポール際への本塁打を記録。新人から続く27年連続本塁打は、もう一つのプロ野球記録である。

日本シリーズ第3戦 2004年10月19日撮影

4打数4安打3打点の活躍で、ヒーローインタビューまで受けた。選手谷繁の健在ぶりを見せつけた試合となった。だが、5月29日には、持病でもあった腰痛がひどくなり、登録抹消。3年目の杉山翔大（しょうた）や2年目の桂依央利（いおり）に使えるメドが立つと、勝つ確率が高い捕手を起用した。

チームが7月終盤からバテはじめ、捕手谷繁待望論が起こっても、安易に自らをスターティングオーダーに加えることはしなかった。記録のための出場でなく、勝利への出場にこだわったからだ。一方、自らのコンディションをギリギリの調整で整えていた。

結果的に、捕手谷繁は、年間30試合の出場にとどまった。最多は杉山の64試合、次が松井の51試合、そして桂が47試合。打率は谷繁から、・270、・183、・135、・229。打撃面での貢献度は明らか。さらに、盗塁阻止率とパスボールの数字。谷繁が13回盗塁を企図され、阻止率は・385でパスボール1回、杉山は31回で・355、捕逸は4度。松井は27回で・259、パスボールはなし。桂はそれぞれ28回で・286、6度。この数字から、捕手谷繁がいかに必要とされたかが、うかがえる。だが、監督谷繁は、自らに決断を下した。

「体がボロボロだったから」

9月に入り、引退を決意した。ペナントレースから脱落したチームを率いる監督として、責任をとった。ファンへのせめてもの置き土産が、最多出場試合記録の更新となった。

意地の悪い質問をぶつけてみた。記録が、同じ捕手である野村克也であったことは、捕手谷繁として大きかったのでは？

「みなさん言われるけど、僕が感じるのは、じゃあ、野村さんを抜いたから、何があるのか？　何も変わらない。周りの見方が変わるだけで、僕自身は何も変わってない」

負けん気だけが強い現代っ子捕手――。そう揶揄（やゆ）された平成の捕手も、大人になった。

「僕の成長の度合いで、昔は野村さんの言われたことも気になっていましたよ。『うるせぇな』とか『野球観が違うんだよ』とか、思っていたときもありました。野村さんが言うのは、野村さんの野球。100人いたら、100人とも考え方が違う。今は、単純にそう思えるんですよ。野村さんはそういう考え方だって。でも、『いいな』と思えば、取り入れる。若かったときは『俺は違うんだよ』って、ムキになってやっていたけど。今は『ああ、そういう考えもある』ってね。そんな感じ」

捕手というのは、相手打者の裏をかくなど、ときに自らの感情を内に隠すことが強制される。それだけに、普段は表に出ない強烈な個性が育まれていく。昭和の名捕手と、平成の名捕手が、お互いの考えを素直に受け入れることはないのかもしれない。端々でみせる負けん気が、そう思わせる。この負けん気で、3021という数字を積み上げてきた。

平成の大捕手・谷繁のルーツと知られざる伝説

身長1メートル76は、プロ野球の世界では決して大きい部類ではない。ましてや捕手という仕事は、ホームベースをめぐり、巨体選手とのクロスプレーもある。強じんな体がなければ、27年も現役を続けることはできない。負けん気と頑強な体を培養した素地は、生まれ育った広島の地にあった。

谷繁元信は、１９７０年12月21日に生まれた。広島県比婆郡東城町（現庄原市）で育った。小京都の風情を残す集落は、都会から遠く離れた山間部にある。かつて東城川と呼ばれた清流がまちを貫き、近くには山が迫っている。谷繁少年は、そんな豊かな自然に囲まれ、のびのびと育った。

「オヤジには、きじの猟のとき、犬の役をさせられたんだよ」

猟銃を持った父・一夫さんと犬と、山に入る。谷繁少年と犬が、先に草むらに分け入り、獲物を追い込む。一夫さんがねらいを定める。そして、猟銃がきじを仕留める。山野で犬と育んだ足腰が、のちの名捕手を支える土台になった。

昔からスポーツが盛んな土地柄で、父は、谷繁少年に『巨人の星』の星一徹（注2）さながら、英才教育をほどこしていった。家から歩いてすぐのところに、千手寺という寺院がある。本堂に続く石段が１５０段。格好のトレーニング場だった。一夫さんは、砂袋をつくり、少年の腰に巻いた。雪の降る日も、過酷な練習を休むことはなかった。余談だが、当時の砂袋は、東城町の一夫さんの家に隣接する谷繁元信球歴館に保管されている。ファンは華麗なる球歴を記録した写真とともに、当時の息吹に触れることができる。

「小学校低学年までの話だけどね。あのときはオヤジが怖かったから、ほとんどしゃべった記憶がない。ご飯でもパァッと食べて、すぐ部屋に入っちゃうとか。でも、手を上げられたことはなかったんだよ」

それでも、父の話からはほほえましい愛情が伝わってくる。庭には、タイヤを半分に切ったものを棒にくくりつけ、タイヤ打ちをさせられた。秋が深まってくると、山間部の太陽は早く沈む。ならばと、今度は裸電球が建物からぶら下げられ、夜間練習の助けとなった。昭和のオヤジは、子供のために創意工夫で、いろいろしてくれた。

そんな父親の愛情を受けてきた谷繁少年だが、忘れられない苦い記憶もあった。

「きじとうなぎ。アレがダメだった。おいしいんだよ。でも、きじは散弾銃でつかまえるんだけど、弾が散るんだよ。うまく調理してくれればいいんだけど、たまたま肉に弾が残っていて、運悪く、俺がそれを食っちゃったのよ」

ご馳走をほおばったはよかったが、口の中で『ガツッ』という不快な感触が襲った。

「すぐゲェーってなって、『これいらない！』ってなったのよ。今考えると、おいしかったんだよ。あとは、天然のうなぎ。『元気になるから、食え！』って言われて、父親がさばいてくれるんだけど、その姿がね…。最高のものなのに。今思うと、もっと食べておけば、まだやれたかもしれないのにね」

小学校低学年になると、地元の東城ストロングボーイズで野球漬けの日々が始まる。体は取り立てて大きいわけではないのに、とにかく飛ばす。まちでも有名な少年だった。こんな逸話がある。1学年下だったチームメートが証言する。

「練習では、ずっとバットを振っていましたね。とにかく飛ばすんですよ。学校のグラウンドはレフト方向に80メートルぐらいあったと思います。そこに2メートルぐらいのフェンスがあったんですけど、それを超えて、裏の2階建てのスーパーの屋上までボールが飛んでいくんですから」

破格のパワーを発揮する谷繁少年のために、あるものが設置された。先のチームメートが続けた。

「谷繁さんが、中学3年のときでした。レフトのフェンスの奥に酒屋があって、ボールがそこまで飛ぶので、ガラスが割れたり、ホロを破ったりするんです。だからネットがつけられたんです。僕らは〝谷繁ネット〟って呼んでましたね」

金属バットでの話ではない。軟式のボールを木製バットで飛ばしていたのだから、怪力ぶりには恐れ入る。そんな怪童のうわさを聞きつけ、広島の名門・広島商業高校の野球部監督までも視察に来た、というのもうなづける話である。

そんな幼き有名人も、東城を出て、お隣の島根県江津市にある江の川高校（現石見智翠館高校）に進学する。投手や一塁手をしていたそうだが、打力をいかすために、監督の勧めもあり、捕手転向。ここでもとにかくよく飛ばした。高校3年の夏の島根県大会では、5試合すべてで本塁打。甲子園ではベスト8まで勝ち進んだ。地元広島だけでなく、巨人などのスカウトが山奥の学校に、〝谷繁詣〟を行うまでになった。「10年に1人の捕手」と言われ、ベテランとなっていた達川光男（注3）の後継者として、広島への入団が確実視されていた。

だが、ここで野球の神様が、ちょっとしたいたずらをした。広島が、駒澤大学出身の野村謙二郎を1位指名することに方針転換した。とはいえ、カープは地元のスターもほしい。

「息子さんを2位でうちにほしい、と言われたよ。でも断ったよ。『本当に息子を必要としてくれているのなら、正々堂々とやってください』って伝えたよ」

父・一夫さんが、当時のスカウト陣の過熱ぶりを明かした。巨人なども、「うちに是非…」と手練手管で迫ったが、同じように断ったという。そして、1988年に1位で指名した横浜大洋ホエールズが単独で交渉権を獲得。人気球団でもなく、地元球団でもなく、当時4位の横浜へ。これが谷繁の野球人生を決定づけた。ここから、平坦ではない長い道のりが始まる。

横浜での日々、そして38年ぶりの優勝の真実

ドラ1ルーキーは、古葉竹識監督のもと1年目から80試合に出場した。だが、当時の投手陣はエース遠藤一彦（注4）や斉藤明夫をはじめ、大投手がズラリとそろっていた。鳴り物入りで入団したとはいえ、プロではまだ新入り。わざとサイン通り投げてくれなかったり、といった〝かわいがり〟を受けたようだ。リードの未熟さから、赤ん坊がつける紙おむつのメーカー名をもじって『パンパース』

というありがたくないあだ名ももらったこともあった。

「あいつは、キャッチャーとして大成しない」

そんな声が耳に入ってくることもあった。先輩捕手との併用も続き、正捕手の道は遠かった。事実、3、4年目ぐらいは「クビになるかも」と思ったこともあったという。

だが、負けん気だけは捨てることはなかった。「今に見とけよ…」と、歯を食いしばって、練習に取り組んだ。1996年に横浜の監督になる大矢明彦が、93年からバッテリーコーチできたことも大きな転機になった。

「あの人は温厚そうに見えるけど、鬼ですよ、鬼。でも、そのくらい俺を一人前にしようと考えてくれてた」

ヤクルト入団1年目から、頭角を現わした名捕手が、捕手たるものを徹底的にたたき込んだ。徐々に、谷繁が、目の色を変え始める。

有名な話がある。1991年からは大魔神こと佐々木主浩が、抑えに君臨していた。レギュラーまであと一歩の谷繁だが、先発していても、佐々木登板の際は、ベテランの秋元宏作に代えられる。

「どうしてなんですか！」

血相を変えて詰め寄ると、佐々木は「だって、お前は俺のフォークを捕れないから」と、にべもなく返された。佐々木のフォークは、140キロ弱の球速で、打者の手元で鋭く落ちながら、右打者ならば、内角に曲がっていく魔球だった。大魔神のウイニングショットを捕れなければ、最終回にマスクをかぶる資格はなかった。体をあざだらけにしながら、ワンバウンドを捕る練習に励んだ。やがて、先輩も、交代を口にすることはなくなった。そこから、谷繁は球界を代表する捕手に駆け上がっていく。

チームも、優勝を口にできる状況が整いつつあった。1997年9月2日の横浜スタジアムは、37年ぶりのリーグ制覇を夢見るファンの熱気で満ちていた。石井琢朗、波留敏夫の1、2番コンビ、鈴木尚典、ロバート・ローズ、駒田徳広のクリーンナップ。下位には佐伯貴弘や谷繁も控える『マシンガン打線』（注5）は、他球団の脅威だった。投手陣も抑えに大魔神・佐々木を擁し、戦力はセ・リーグでも屈指だった。首位ヤクルトとの差を3・5に詰め、ホームでの直接対決。機は熟しつつあった。だが…。鼻息荒く迎えた相手先発は石井一久。こともあろうに、打線でもってきたチームが、左腕に全く歯がたたなかった。ゼロが続くどころか、ノーヒットノーランに封じ込められてしまった。

「完ぺきにやられたね」

谷繁自身も三振、右飛、中飛で3打数無安打に終わっていた。これで4・5ゲーム差。まだ1カ月あることを考えれば、悲観する負けではなかったが、翌日3日も同点の八回二死一、三塁で、土橋勝征（かつゆき）と勝負して、2点タイムリーで勝ち越された。1—3で連敗し、ゲーム差5・5となり、同時にヤクルトのマジック21が点灯した。この年は2位。野村監督率いるヤクルトに、力の差をまざまざと見せつけられる結果に終わった。だが、この男はある手応えを感じていた。

「あのときのメンバーは、弱いところから試合を積み重ねて、ちょっとずつ力をつけてきて、やっとあそこまでいけた。これはもしかしたら…と。俺はあの年だけで終わるとは思わなかった。勝てるチームになってきたと思った」

確信を持って、大きな決断を下した。

「あの年に、FA（フリーエージェント）権を取って、他から声はかかったんだけど、『俺は一緒に苦しんできた仲間と、このチームで優勝したい！』って思ってたから、残ることを決めた」

ただ、いばらの道であることは変わらなかった。悔しさを知った伸び盛りのベイスターズナインは、妥協なしの沖縄キャンプに突入していった。

「そのころの秋のキャンプはね、ＣＳ（クライマックス・シリーズ）がないから、優勝を逃した時点で、秋のキャンプに向けて、体力作りをしていた。横浜のキャンプはきつかったから。ものすごく憂鬱だった」

全体練習が終わると、50メートル50本ダッシュという理不尽なメニューが始まる。さらに、外野グラウンドを右に左に走らされながら、捕球を強いられるアメリカンノックを１００本。今は死語かもしれないタイヤ引きをポール間で20本…。それは、体力作りというより、いわば根性から鍛え直す苦行のような地獄のキャンプだった。

だが、気を抜くことはなかった。というか、抜けなかった。チームの核となっていた谷繁、石井、波留、佐伯はみな１９７０年生まれ。チームメートとはいえ、ライバル。火花を散らしながら、バットを振っていた。こんなエピソードがある。全体練習が終わり、個別のマシン打撃に入ったときのことだ。

「あれは秋じゃなく、春のキャンプだね。室内で5箇所あったら、5人が打ち始めました。俺、石井琢朗、佐伯、波留、ほかの野手が打ってます。でも、いつまでも終わらない。誰も終わろうとしないんだもの。『あいつよりも打ってやろう』、『あいつよりやってやろう』って、みんな思っているから。ポジションは違うけど、競争しているわけ。5人が5人そう思っているから、終わりゃしないのよ。そういうのが、ずっと続く」

科学的トレーニングが発達した現在では、お目にかかれない光景だ。言うなれば、根性練習。体の強さがなければ、間違いなくけが人続出となるだろう。だが、勝つという目的を共有した戦う集団は、地獄を乗り越えていった。そして、ようやく歓喜のときがやってくる。

1998年10月8日の甲子園。ベイスターズは、2位・中日を大きく離し、首位を独走していた。試合は、2―3と阪神にリードされながら、八回表二死一、二塁のチャンス。打順が谷繁にまわってきた。

「絶対に打ってやろう」

カウント2―2から、真っすぐが内角をえぐった。これが横っ腹へのデッドボール。痛みをこらえながら、一塁に向かった。

「当たった瞬間、ホッとしたよ。この緊張感から、一瞬逃れられたと」

さすがの谷繁も、重圧を感じていたということだ。愚問をあえて投げかける。この試合で負けたとしても、ぶっちぎりの首位で、優勝は時間の問題。その試合でなくてもという切り替えもできたのでは？

「次の試合なんて、考えられない。俺らは優勝なんてしたことない。経験がないから。とにかく勝たないと、って。あの状況で、俺が打てば勝てるんだけど、いやいや待てよと。めちゃめちゃ緊張してたよ。デッドボールが当たった瞬間、『ハイ、進ちゃん（進藤達哉）お願いします！』だったもん」

1点ビハインドで、八回二死満塁に。極限の状況で、1年先輩の進藤がバッターボックスに入る。フルカウントから放った打球が、一、二塁間を鋭く破る。三塁走者が生還。スタートを切っていた二走・佐伯もホームに滑り込んだ。一塁上では、普段は感情を表に出さない進藤が、両手を突き上げ、ガッツポーズしていた。

あとは、役者がゼロを刻むだけ。絶対的守護神、佐々木がマウンドに上がった。八回は三者凡退に。だが、ことは簡単に進まない。リードはわずか1点。九回裏二死一塁で、怖い新庄剛志を迎えた。しかも、ストライクが入らず、ノースリーとなった。

「もう勘弁してよ、だよ。ランナーもいたんだから」

そこからフルカウントまで立て直した。最後はフォークを選択。バットが空を切る。すぐさまマウンドに駆け寄り、大魔神とマウンド付近で飛び上がりながら、抱き合った。

「10年目の優勝だから、ここを目指してずっとやってきたという思いがあった。試合で勝って泣いたのは初めて、過去にもあとにもね」

38年ぶりの優勝といっても、谷繁にとっては初めての美酒だった。苦しさに耐えてつかんだ勝利。これほど、うれしい瞬間はなかっただろう。日本シリーズでも、谷繁は全試合に1人でマスクをかぶり、西武に4勝2敗で日本一にも輝いた。

中日へ移籍した男に待ち構えていた苦悩とは…

「横浜の13年間は俺を育ててくれた。ドラゴンズの14年は、俺を成長させてくれたと思っている」

チームとして、頂点を極めた男は、2001年オフに、満を持してFA宣言する。新たな戦場は、中日ドラゴンズだった。移籍初年度の2002年に、自己新の24本塁打を記録するなど、その存在感を高めていたが、03年オフに激震が竜を襲う。落合博満が、監督に就任した。〝オレ流〟といわれた、常識にとらわれない野球は、新鮮を超えて、衝撃でもあった。2月1日のキャンプ初日から、実戦が予告された。そして、正捕手にも〝けんか〟を売られた。

「レギュラーは誰もいない、みたいなことが新聞に書かれていた。正直、『何だ、この人？』と、そのとき思いましたよ」

プロ15年目の実績とプライドが、傷つけられたともいえる。だが、これこそが、チームをさらなる高みに導くためのオレ流の真骨頂だった。捕手谷繁にとっても、一流から超一流への階段を上がる分岐点となった。

「いろんな形で、監督からは『お前は成長しろ』とか、『もっと上に行ける』というこ とを投げかけてもらったと思っている。例えば、『えっ、こんなところでなんで代えられるの？』とかそんなことも多々あって、納得いかないときもあったけど、当時の森ヘッドらと話をしたりして、そういう中で『じゃあ俺が出て、勝たせればいいんでしょ。それがキャッチャーの仕事だろ』と、そういうところに行き着けた。形はどうであれ、チームが勝つようにもっていくのが、キャッチャーの仕事と」

いつもの仕事に、自分なりの工夫を加えた。スコアラーに資料を出してもらっても、それを疑ってみた。肌身で感じた経験を加え、データをもう1度分析した。試合後のロッカールームで、孤独な時間が続いた。勝利のために、己を再び追い込んだ。

「もしかしたら、落合さんの言うことがわからないまま、過ごして終わっていたかもしれない。でも、俺は自分なりに、そういう風に気付くことができた」

希代の指揮官であった落合博満は、円熟期に入った捕手谷繁の天性の負けん気に火を放った。それが最大の功績だったのかもしれない。結果、04年から11年までの8年間で、リーグ優勝4回、日本一が1回。Bクラスは1度もなかった。落合監督の指導力と、川上憲伸、吉見一起、岩瀬仁紀、浅尾拓也ら投手力がクローズアップされたが、それらを支えたのは、間違いなく、捕手谷繁元信の存在だった。

落合監督時代に、賛否両論の物議を醸した試合がある。2007年11月1日の日本ハムとの日本シリーズ。ナゴヤドームが騒然となった。先発の山井大介は、八回を終え、ヒットはおろか、走者さえ許していない完全試合ペースだった。スコアは1－0。九回のマウンドで、落合監督は、岩瀬をコールした。重圧のかかる場面を絶対的守護神は、三者凡退に抑え、継投による完全試合を達成した。そのとき、捕手谷繁は、落合采配をどのように見つめていたのか？

「俺も交代だと思った。日本一になろうと思ったらね。あれがシーズン中だったら、そのままです。1－0で山井そのまま。でも、日本一を獲るんであれば、俺も交代だった」

あと1勝で日本一が決まるという大一番でもあった。ボールを受けていた谷繁が、不吉な予兆を感じていた。山井は右手のマメをつぶし、血をぬぐいながらの投球。ブルペンには、守護神・岩瀬が控えている。

「八回が終わって、ベンチに戻ったときに『代えてくれ』って思った。そうしたら、聞かれたから、『本人(山井)がそう言っているなら、代えた方がいいと思います』って答えたよ」

完全試合まであと3人とした投手を交代するということで、スタジアムは騒然としていた。だが、ベンチの意思統一に乱れはなかったのだ。

「俺が監督でも、山井の出来と岩瀬の存在など、すべてが全く同じシチュエーションだったら、交代すると思う。それは勝つ確率の問題で」

日本一を目前とした落合と谷繁も、勝利については妥協がなかった。完全試合という野球のロマンは否定しないが、そのために勝利を次に考えるという発想はなかった。結局、監督落合は、捕手谷繁に勝つことの全責任を負わせて、逃がさなかった。捕手谷繁も、その過酷な運命から決して目をそらさなかった。それがあの日本シリーズで、見事に共有されていた。

「8年間で一番成長したのは、谷繁」

落合監督は、2011年の退任会見でこんなほめ言葉を残した。捕手谷繁が、

新たなステージに進んだことの証しだった。

谷繁の捕手論から垣間見える強烈な矜持

捕手という職業柄なのか、現役時代は投手の評価など、具体的な話をインタビューでも明かすことは少ない。いわば、〝取材者泣かせ〟として通っていた。捕手谷繁の実像を知ることは、容易ではない。だが、動きの中から、その一端に迫ることはできるかもしれない。強肩とともに、谷繁はキャッチングでも球界を代表する捕手だった。ボールを受けるとき、ミットを動かすことは少ない。構えたところでボールを受けると、少しだけミットの面を上げるという。

「キャッチャーって、ストライクゾーンにミットを入れたがる習性がある。審判に言われた記憶がある。『動かしても、ボールはボール。ストライクはストライク』って。審判も人間だから、いいようには思わない。それなら、投げたところに対して、止める、捕るってことを意識した」

それがミットを動かさない理由。他にもある。

「ピッチャーにも、『ここに投げたんだよ』と、知らせてあげる。プラス、ミットを上に向けると、審判からもミットが見えやすくなる」

ピッチャー目線でのキャッチングともいえる。今度は捕球前のミットの動き。キャッチャーは、投球を受けるとき、1度ミットを下げて、受けるときに構える捕手も多い。

「下げるときあるよ。でも、ピッチャーに『ハイ、ココ！』って、俺はミットでピッチャーに意志を伝えたいというのがある。ピッチャーによって、ミットを出すタイミングが違うから、ブルペンで全部受けなきゃいけない。ピッチャーによっては、最初はミットを見ているけど、モーションの途中で目線を切るやつもいる。そのときにミットを下げちゃえばいい。それで、目が前を向くときまでに『ハイ、ココ』ってすれば、タイミングが合う。みんな自分本意でやっちゃうから、下げてるように見える」

投手目線のキャッチングの本領だ。谷繁と言えば、緻密な計算からはじき出された配球が持ち味。それは、妥協を許さず、若いピッチャーを震え上がらせる厳しいリードと言われるときもある。だが、歴戦の捕手が構えるミットには、実に投手への思いやりが隠されていた。

リードについては、〝続きの谷繁〟と言われることもある。同じところにボールを何度も続けるからだ。だが、この意図についても、笑って説明を加えた。

「相手を抑える俺の1つの技。例えば、インコースをみせてみんな言うよね。でも今は、そんなのみんな踏み込んでくるでしょ。8割方、外っとは、迷わすために、もう1球内角に突っ込む。もう外だろ、となるけど、ハイ、もう1球。もう外だろ、と思っても、もう1球。その駆け引き。だから、単純に続けることをやっているわけでなく、こっちはこっちで考えがあってやっている。インコースを5球、6球続けたら、じゃあ、今度いつインコースに突っ込んでくるんだろう、って。その駆け引きをやっていた」

つまりは、捕手谷繁を意識させることで、相手に投手のボール以外の〝迷い〟という配球を加えた。これが〝続きの谷繁〟の極意である。打者は、投手と勝負する前に、捕手谷繁を意識せざるをえなくなる。

「だから楽だった。俺と勝負してくれ、って思ってやっていた。俺を無視されて、対ピッチャーになると、厳しいのよ。もろに、ピッチャーの力量が出ちゃうから。

それをカバーするのがキャッチャー」

　捕手谷繁が、いかに投手陣の武器になったかがわかるエピソードだ。勝てるキャッチャーとも言われる。その条件は、「試合に出続けること」と即答する。配球は、試合を通じて、さらにはシーズンを通じてのものでなければならないという持論がある。

「1年間を考えてやる。8月ぐらいまでノラリクラリとやっていく。ある程度、配球の傾向も出てくる。それで、優勝を争う9月の勝負どきに、まるっきり違うことをする。今はCSというものがある。そこで、また『どっちを使うんだ？』と思わせる。相手が迷う。そこが勝負なんですよ」

　シーズンを逆算して、配球を考えている。つまり、開幕の第1球目から、無駄球はないということだ。ここに、谷繁が出場というものにこだわってきた本当の理由がある。現役生活晩年に、故障もあり、出場機会が激減した。それは、シーズンを通じて、配球を導き出す正捕手にとり、ディスアドバンテージになった。常勝軍団と言われた中日が、低迷した大きな原因である。

　他球団を見渡しても、正捕手といわれるキャッチャーを捜すことは難しい。捕手谷繁の観点からは、どう映っているのか?

「可能性があるとすれば、西武の銀仁朗かな。キャッチングであったり、スローイングであったり、ワンバウンドのブロックであったり、配球とか、体の強さであったり、今のところ銀二朗ってところじゃない。存在感では巨人の相川亮二。年齢がいってから、あいつを意識して、少しやっていたから。あとはいっときの巨人の阿部慎之助ぐらいになるよね。若いキャッチャーで、面白いリードをするやつはいないかな」

捕手として求めるレベルが高いということはあるが、選手の名前を挙げるとき、即答はなかった。それだけ、捕手が大成するというのは、プロの世界では極めて難しいということだ。

「俺の場合は、運がよかったのもある。キャッチャーは、試合に出ないといろいろ覚えていかない。経験がいる。経験を積むのに、2軍でさせればいいのかというと、そうでもない。やっぱり1軍の試合に出て、ミスでたたかれ、はい上がり、たたかれ、はい上がりの繰り返し。そういうのをやっていかないと、キャッチャーは育たない」

はじめから完ぺきな捕手などいない。キャッチングやスローイングなどの技術は必要。配球を覚えるためには、失敗も必要となる。だが、それ以上に、大事なものの存在を指摘する。

「メンタルの強さ。うちのチームを見ていると、やっぱりどこかで逃げている。すべてにおいて。普段の生活もそう。自分が『厳しい』『つらい』と思うことから、少しずつ逃げているようにみえる」

つらさと向き合うときは、練習だけではない。試合中はもちろん、黒星を突きつけられたとき、それは残酷な形で、マスクをかぶる捕手を襲ってくる。試合後のロッカールームでの谷繁は、ほかの選手が声をかけることをためらうほど、静寂のうちに孤独と向き合っていたという。

「自分がヒット打ったから、『ヨッシャー！』では、キャッチャーではない。信頼されもしない。負けたことに反省して、また予習してということです。終わったら、チャートと、自分の対戦したのを全部照らし合わせて、27個のアウトを確認して、次の日はこうやるというのを考える。ここは成功した、ここは失敗した、というのを頭に入れる。この作業をずっとやってきた」

スポーツには失敗がつきものだ。よく、〝気持ちを切り替えて〟ということがいわれる。だが、谷繁は安易な切り替えは、ばっさりと否定する。

「楽観的に切り替えるんじゃなくて、自分の中で確認して、反省した中での切り替えをやっていかないと。単に終わったから『ハイ、明日』ではダメ。すべてやり終えた中での切り替えが必要になる。俺は暗くなれ、と言っているんじゃない。逃げるな、と。やることはやってくれ。切り替えるなら、ちゃんとやることやって、元気を出せと。何もせずに、『明日できるわ』みたいな軽い切り替えはやってほしくない」

言葉に重みがある。負けると、打てない野手が、打たれた投手が責められる。だが、人一倍試合に責任を負うのは、ある意味では捕手でもある。だからこそ、安易に失敗に妥協することは許されない。もちろん、引きずってばかりいては、次の試合の用意もままならなくなる。強いメンタルと頭脳が、求められる所以だ。キャッチャー育成の難しさである。それは、谷繁自身も球界全体を見渡して、感じているところだ。

「プロで言えば、キャッチャーの指導者が、正直そこまでいないこともある。もっといえば、キャッチャーをやりたいということもが、少なくなったということもあると思う。小学校、中学校、高校でキャッチャーをきっちり教えられる人もいない、というすべてについて言えると思う。（捕手が育たない理由は）１つじゃないと思います」

だからこそ、こうも付け加えた。

「よそのチームのキャッチャーが聞きに来ますけど、僕は答えますよ、全部。それはそいつが好きとか、嫌いとかでなく、全体のキャッチャーのレベルを上げていかないといけないという思いもあるから」

捕手として大成したから、それで終わりというちっぽけな考えはない。むしろ、捕手というポジションのすばらしさ、奥深さを次世代に伝えようとする意欲がそこに感じられる。現に、ＤｅＮＡの若手捕手・高城俊人と自主トレをともにしたこともある。そんな谷繁監督は、秋のナゴヤ球場で、中日の若手捕手を競わせながら、厳しい目を光らせている。

〝勝ちは勝ちでもこだわる勝ち方〟

再び、横浜スタジアムの引退試合に舞台は舞い戻る。マウンドには、これからのドラゴンズを背負っていく20歳の若松駿太が上がっていた。捕手は、44歳の谷繁。もちろん、最後のバッテリーとなる。

「自分の1打席がまわってくるまでに、どうやって抑えるか、ということを考えていましたね。公式戦の1試合として。その中で最後というのは、伝わるかわからないけど、その中で、短いイニングだったけど、『俺だったらこういう風に引っ張る』みたいなものを彼に出しながら、やっていましたね」

ラストメッセージをミットで示した。その結果が、ショートゴロ3つの三者凡退だった。20歳右腕は、こう振り返った。

「低めの真っすぐのサインが出たと思うんです。僕はチェンジアップが持ち味だけど、『真っすぐも大事だぞ』という意味に受け取りました」

はたして、捕手谷繁の真意は？

「まぁ正解だね」

後日、指揮官はサングラス越しにうなずいた。ミットを通じたメッセージは、次世代を背負う若者に、きっちり伝わった。

花束を受け取ってからは、捕手谷繁から監督谷繁となった。九回表まで、2―1でリードしていたが、最終回に浅尾拓也が、ＤｅＮＡ・筒香嘉智、バルディリスに連続本塁打を浴び、黒星に終わった。

「サヨナラ負けしたことは、『お前、まだまだ勉強することあるよ』って言ってもらったと。自分で順風満帆にきたとは思っていないけど、俺に『野球生活では、まだまだ。お前しっかりやらなきゃダメだぞ』と、伝えられたような気がした。最後に悔しい思いもしました」

やはり、谷繁の野球人生には、悔しさは切っても切り離せなかった。

冒頭のＡＫ―69の「ロッカールーム」の軽快なリズムが、再び耳によみがえる。ＡＫ―69の曲は、谷繁がリハビリ中に、ＣＤショップでふと手にしたことがきっかけ。そこで「いいじゃん！」となり、地元愛知県出身ということもあり、食事をともにするほどの間柄になった。

「あとここね」

指揮官が、いたずらっ子のように、あるリリック（歌詞）を口にした。

〝勝ちは勝ちでもこだわる勝ち方〟

「プロセスがないのに、結果が出てもなんにもうれしくないでしょ。喜びもないでしょ。それでダメなら、また考えるだけよ」

兼任監督の2年は、4位と5位だった。常勝時代を築いてきた谷繁には、汚点とも言える結果が突きつけられた。だが、指揮官は、その失敗を充実感としても、腹の底にしまっている。激しい悔しさとともに。2年前の就任会見のときにもう宣言してしまっている。

「厳しい環境に入っていくのは、自分のスタイルでは嫌いではない」

進んで火中に飛び込んでいった。３０２１試合には、勝ちもあり、負けもあった。だが、負けの中にさえも、意味を見いだしてきた。不滅の数字を打ち立てた名捕手が、今度は専任監督として、再び地べたから頂点をにらみ上げる。

注１　１９５４年に南海に入団。首位打者1回、本塁打王9回、打点王7回で、65年には戦後初の三冠王に。監督としてもデータを駆使した「ＩＤ野球」で、ヤクルトを3度の日本一に導くなど、名将とされた

注２　「巨人の星」は１９６６年から連載された野球漫画。星一徹は主人公・星飛雄馬の父で、息子に野球のスパルタ式の英才教育を施す。作中では元プロ野球選手で、のちに中日のコーチになっている

注３　１９７７年のドラフト会議で広島入団。地元広島出身で、死球の際の過剰な演技などで人気を博した。捕手としても、大野豊など、カープ投手陣を支えた。現役引退後の１９９９年、２０００年は広島監督に。14、15年は奇しくも谷繁政権下で、バッテリーコーチをつとめた

注４　学法石川高から東海大をへて、１９７７年のドラフト会議で3位指名を受け、横浜大洋に入団。フォークを武器に１９８３、84年は2年連続で最多勝。通算１３４勝で、92年に現役引退

注５　本塁打などの長打は、少なくても、打ち始めたら止まらない当時の横浜打線につけられたニックネーム。１９９９年はチーム打率・２９４を記録した

Dragons
27

第5章

生涯タテジマを貫いた男の真実
関本賢太郎（阪神）

Kentaro Sekimoto

文＝松下雄一郎（デイリースポーツ 記者）

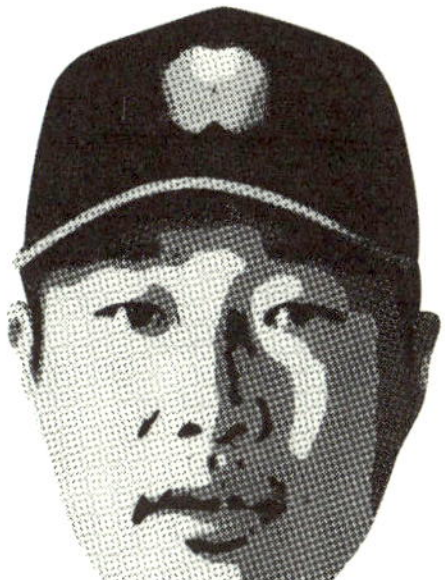

関本 賢太郎（せきもと・けんたろう＝本名・関本健太郎）

1978年（昭53）8月26日、奈良県出身（大阪府生まれ）。天理高から96年ドラフト2位で阪神に入団。堅実な内野守備には定評があり、05年5月から07年8月にかけて、二塁手連続守備機会無失策804というセ・リーグ記録を打ち立てるなど、究極のユーティリティープレーヤーとしてチームに貢献した。12年には選手会長に就任。晩年は「代打の神様」として活躍し、生え抜きの選手として確かな存在感を築いた。19年間の在籍は、藤田平、川藤幸三に並ぶ球団歴代3位の長さ。ヒーローインタビューで清掃時間の手間を省き照明点灯時間を短縮しようと「自分で出したゴミは自分で持って帰るようにお願いします!」と発言したり、09年には甲子園美化委員長にも任命されるなど、エコ活動にも積極的に取り組んだ。

年度別成績

年度	所属球団	試合	打席	打数	得点	安打	二塁打	三塁打	本塁打	塁打	打点	盗塁	盗塁刺	犠打	犠飛	四球	死球	三振	併殺打	打率	長打率	出塁率
2000	阪神	2	5	5	0	0	0	0	0	0	0	0	0	0	0	0	0	2	0	.000	.000	.000
2002	阪神	71	216	193	22	49	12	2	5	80	11	1	1	6	0	12	5	51	4	.254	.415	.314
2003	阪神	36	74	67	13	18	4	0	4	34	12	2	0	0	1	6	0	15	4	.269	.507	.324
2004	阪神	110	413	354	60	112	13	1	5	142	41	4	1	2	3	51	3	74	6	.316	.401	.404
2005	阪神	97	266	229	37	68	13	1	0	83	24	1	1	11	2	23	1	46	4	.297	.362	.361
2006	阪神	132	439	356	52	107	19	2	9	157	33	0	1	33	2	42	6	76	8	.301	.441	.382
2007	阪神	131	433	358	38	87	12	1	7	122	25	0	0	29	2	39	5	67	10	.243	.341	.324
2008	阪神	136	521	430	57	128	25	2	8	181	52	2	1	38	5	42	6	47	10	.298	.421	.364
2009	阪神	113	462	377	45	102	18	2	3	133	44	3	4	34	2	36	13	56	7	.271	.353	.353
2010	阪神	79	98	78	12	20	5	1	3	36	12	1	0	3	0	15	2	24	2	.256	.462	.389
2011	阪神	100	255	224	15	59	7	0	2	72	16	0	0	0	0	28	3	55	9	.263	.321	.353
2012	阪神	91	124	99	9	21	1	0	1	25	12	0	0	5	0	17	3	23	0	.212	.253	.345
2013	阪神	56	55	43	4	12	3	0	0	15	5	1	0	2	0	8	2	10	1	.279	.349	.415
2014	阪神	63	66	50	3	13	4	0	1	20	15	0	0	1	1	13	1	16	3	.260	.400	.415
2015	阪神	55	54	42	1	11	0	0	0	11	10	1	0	0	1	8	3	10	1	.262	.262	.407
	通算	1272	3481	2905	368	807	136	12	48	1111	312	16	9	164	19	340	53	572	69	.278	.382	.362

元阪神タイガース・関本賢太郎は、今でもあの涙の理由を量りきれずにいる。

2015年10月4日、阪神甲子園球場。

こんな華やかなゴールは想像できなかった。鼻っ柱をへし折られたプロ1年目。タテジマの4番として猛虎を背負い、ホームラン王となり、球界を背負う。少年の頃に抱いた夢の数々。それは20歳を前に無残に砕かれた。砕けた夢の破片を拾い集めること。思えばそれがプロ野球選手・関本賢太郎の最初の作業だったのかもしれない。這いつくばり、両手の指を広げ、ただ黒土に残る破片の感触を探った。音もなく刻まれる時の重さを背中に感じながら。

それがまさか、こんな形で…。

誰に追われ、誰に促されたわけでもない。関本は自らの意思でユニホームを脱ぐことを決めた。それはプロの門を叩いた者の中でもほんの一握りの者にしか許されないことである。ましてや、引退セレモニーなど…。もがき、あがき続けた若き日を思う。

満場の歓声、同僚たちの労い、そして惜別の涙。まさかこんな形で現役生活に幕を下ろすことになろうとは、夢にも思わなかった。

あの涙の理由。2人の息子たちの涙である。引退の挨拶後に行われた花束贈呈。タテジマでともに戦い、今は広島の選手となった新井貴浩。長年苦楽をともにし、今は主将としてチームを支える鳥谷敬。そして最後に、2人の息子が父の待つマウンドへと向かった。

長男は中学1年、次男は小学4年。ともに父の背中を追うように野球を始めた。強肩と父譲りの体格を買われた兄はボーイズリーグで捕手として、才気煥発な弟は地元少年野球チームで投手兼内野手として。ともにプロ野球選手を目指し、それぞれのチームで白球を追っている。

そんな2人が、父に花束を渡し終えるとそろって肩を震わせ、大粒の涙を流した。生まれた時からずっと野球選手だった父。自慢の父であるとともに、近くて遠い父でもあった。1年の半分以上が遠征やキャンプ。休日をともに過ごすことは少なかった。しかし、そんな日々もこれで終わる。これからは好きなだけ野球を教えてもらえるだろう。試合も見に来てもらえるだろうし、夏休みに家族旅行に出掛けることもできるだろう。周りの友達がそうであるように。事実、現役引退を知った2人はそれを喜んでいる風でもあった。関本は思った。

なのに、なぜ泣くのか――。

その所作や佇まいから、敵の心理を見抜く術に長けていた。チームは今何を理想とし、そのために自分が何をしなければならないのか。自身の在り方を悟り、それを体現する術においては右に出る者がいなかった。だからこそ19年間の現役生活を全うし、今この甲子園の真ん中でたった1人で満場の歓声を浴びている。

それでも関本は、今でも2人の息子が流した涙の理由を量り切れずにいる。

なぜ気付かないのか。いや、それが関本という男なのかもしれない。関本賢太郎であるがゆえに、気付かないのかもしれない。

期待の若虎が探し求めていた自らの姿とは

次代の主砲。当時はそう呼ばれていた。2003年のキャンプ前のことである。この年から阪神タイガース担当となった私は、鳴尾浜球場で新入団選手の合同自主トレの取材に明け暮れていた。

星野政権2年目。この3カ月後から始まるペナントレースで、阪神は開幕から圧倒的な強さで独走し、球界に旋風を巻き起こす。1番今岡、2番赤星、3番金本。井川20勝、伊良部13勝、ムーア、下柳はともに10勝。充実の先発陣に加え、セットアッパーに安藤、抑えにウィリアムスが抜群の安定感でリードを守った。他球団に影すら踏ませぬリーグ優勝。18年ぶりの美酒に大阪が沸いたあの年。その開幕前である。

杉山直久、江草仁貴、中村泰広、久保田智之、三東洋、林威助…。11人のルーキーの一挙手一投足を追いつつ、若手や主力選手が球場に姿を現せばその背中を追う。まだ要領の分からぬ駆け出し記者は混乱を来す。ルーキーの異変や主力の登場を何度も見落とし、その都度デスクやキャップから大目玉を食らった。

関本賢太郎、当時の登録名は「健太郎」。こちらが本名である。東京での自主トレを終え、鳴尾浜球場に姿を現したのは1月下旬のことだった。この若虎、当時プロ7年目の23歳。前年には1軍でプロ初本塁打を含む5本塁打を記録し、この年の本格的な飛躍が期待されていた。

自主トレ。プロ野球界において、これは主に選手と球団の契約期間外となる12

月から1月にかけて、選手が監督やコーチ陣の指導や指示を伴わず、自らの意思や計画の下に行うトレーニングのことをいう。選手はこの期間内を体力作りや課題克服への下準備にあて、2月1日のキャンプインに備えるのである。

これは初対面の日、鳴尾浜球場の駐車場で関本から聞いた。

「東京での自主トレは2年目のオフからです。1軍で活躍してる先輩と一緒に練習させてもらうことで、今の自分に足りないものがよく分かるんで…」

プロ入り間もない若手の多くは、オフの間も解放される球団施設で自主トレを行う。外部での自主トレには多額の費用が掛かるためである。実績のない若手がおいそれと捻出できる額ではない。グラウンド、ウエートルームなどの施設使用料、現地での宿泊費、期間中の食事代…。中にはこれに数百万円を費やす選手もいる。

球団施設内で自主トレに支出は伴わない。虎風荘に住む寮生なら食事の心配もない。それでも関本は、先輩の坪井智哉の自主トレへの同行を志願した。当時の関本の年俸は480万円。プロ野球選手の最低年俸に近かった。

「最初の年はホテル代が払えなくて坪井さんに借りました。野球で稼いだお金は、ほぼ全部自分の体のために使ってましたね」

明朗快活。初対面の駆け出し記者にここまで話してくれた選手はいなかった。馬が合う。私はそんな予感がした。

次代の主砲へ——。球団はそう感じ、ファンもそう感じていた。沖縄宜野座村で行われた、この年の阪神春季キャンプ、関本はスタメン候補生として1軍メンバーに選ばれた。


しかしこの年、関本はプロ野球人生の大きな転換期を迎えるのである。


次代の主砲、右の大砲。誰もがそう感じていた。しかしその中でただ一人、その未来図に疑問を感じている男がいた。

それは他でもない。関本本人だった。

「遠くに飛ばす技術。とにかく弾道が違った。打球の飛び出しは持って生まれたもの。簡単には変えられない。『これは違うな』と思った」

1997年、同じ年にドラフト3位で入団した濱中治のことである。関本は2

位。濱中が和歌山・南部高で、関本は奈良・天理高。同学年である。

同期入団で同い年。行動をともにすることが多く、同じ右の長距離砲として比較されることも多かった。それでも刺激を受けることこそあれ、ライバルと感じたことはなかった。関本は内野手で、濱中は外野手。ポジションが違えば出場機会を争うこともない。

「凡打でも高いフライを打ち上げてアウトになる。あれはホームランと紙一重ですから」

野球を始めた頃からすべてにおいて群を抜き、名門天理高にあっても自分に勝る選手を見たことがなかった。しかし、プロの水は苦かった。技術、体力で大きく勝る先輩野手、そればかりか同い年の中にも、自分より遠くに飛ばす選手がいる。次代の主砲。周囲も勧められたその衣をまといながら、関本の心は人知れず「自分に合う別の衣」を探す旅を始めた。

試合に出たい。その一心で。

その手には二つの地図があった。一つは今あるチーム状況や、自身が今いる位置を知る平面地図。もう一つは、自身とチームがこの先必要とするであろう選手像との位置関係を探る立体地図である。

遊撃ノックでは名手として知られた久慈照嘉の後ろに立ち、二塁では田中秀太、平尾博司の守備を参考に研究を重ねたのがこの頃だ。

そして打撃。2年目の夏、関本は後のプロ野球人生を生き抜く貴重な武器を得る。当時主戦場だったウエスタンの試合で、チーム内でバントミスが続いた。ミーティングで連日それが議題となり、多くの若手がバント練習に時間を割くようになった。

次代の主砲と目されていた関本。初めてバットを握った日からその日まで、試合でバントを命じられたことは一度もなかった。

それでも二つの地図が、関本の行く手に光を灯すのである。

「俺にも来るかもしれない。いや、必ず来る」

マシンに向かい、バントの練習を始めた。バットに当てる。それは造作ない。でも、打球が死なない。バットを引いても、手首の力を緩めても、どうしても勢いよく打球が前に転がってしまう。

そこによき手本がいた。この年から阪神に入団した城友博。ヤクルトの黄金期に活躍した外野手である。ケガで出場機会を失い、復活の場をタテジマに求めていた。

城はバントの名手として知られた。その技術の確かさに目を見張った関本は、すぐさま教えを請うた。

「どう当てればそんなにうまく転がるんですか?」

城は惜しげもなく、若虎にその極意を授けた。

まずバットの先端でボールの内側半分にかすめるように当て、ボールの軌道から90度の方向に飛ばす練習から始める。でも、これではファウルになる。そこから次は先端でボール1個分、そして次は1個半…つまりバットの先端からボール半分余る位置で当てる。

そこに「打球が死ぬ場所」があるという。

目から鱗が落ちた。バットの芯でとらえ、強い打球を飛ばす。その練習に明け暮れてきた関本にとって、それは「決して当ててはならない場所」だった。

地図が示した通り、その日はほどなく訪れた。「バント」のサインである。まるで手本のように打球を殺し、走者を進塁させた。

小技も堅実。それは後に関本を１軍に定着させる貴重な小太刀となり、２番定着後には不可欠な武器となった。

そしてこの極意を授けた城友博は、在籍１年で阪神を退団。関本のプロ野球人生に自身の残り火を灯し、その現役生活に別れを告げたのである。

星野阪神のラストゲーム後、中洲の夜の出来事

２００３年10月27日。猛虎の熱く長い１年が終わった。

開幕からペナントレースを独走し、18年ぶりのリーグ優勝。その余勢を駆って日本シリーズに臨んだ猛虎は城島、松中、井口ら強力打線を擁するダイエーホークスの前に涙をのんだ。

福岡で連敗スタート。甲子園で３連勝して日本一に王手を掛けたものの、福岡で再び連敗。フルセットの死闘は、７戦すべてホームチームが勝利。「内弁慶シリーズ」と呼ばれた。そして勝利投手は、ＭＶＰの杉内俊哉が２勝、篠原貴行、和田

毅、吉野誠、ウィリアムス、下柳剛が1勝ですべて左投手。これはいずれも日本シリーズ史上初の珍事だった。

その第7戦の夜。厳密には10月28日になっていたかもしれない。最終戦の原稿を書き終えた私は、この試合を観戦していた知人夫妻と3人で食事に出掛け、その店で偶然、関本と会った。私は2階の座敷、関本は3階の大座敷で桧山、浅井らとの打ち上げに参加していた。

浅井とともにたびたび2階のこちらの座敷に降りてきて談笑しては、ウーロン茶を1杯飲んで3階へと戻っていく。それを幾度か繰り返すうちに、関本の方が2階の座敷から動かなくなった。関本の顔が少し赤い。これ以上飲んでは先輩の介抱ができなくなる、そう思った関本は、私たちがいる2階で酔いを醒まそうとしていた。

この先に起こるであろうことを予測し、自らが今やるべきことを考える。この男はいつもそうだった。

「野球人生で初めて9番を打ちました」

関本はウーロン茶を飲みながら言った。第6戦まではベンチ入りすらしていな

本塁打を放つ関本賢太郎 2009年09月18日撮影

かった関本が、第7戦では9番三塁で先発出場。試合は序盤で大勢決した。しかし関本は、この試合でその後のプロ野球人生の貴重な指針を得たのである。0―5の五回、和田の直球を左翼席に叩き込んだ。展開的には焼け石に水に近かった。しかしあの一発で、24歳のホープは気付いたのだ。

2階の座敷で、ほろ酔いの関本はある事実を明かした。

「あのホームラン、実はハマのバットで打ったんですよ」

同期入団の同級生。濱中治のことである。

チームはリーグ優勝の歓喜に沸いた。しかし関本個人にとって、2003年は焦燥のシーズンでもあった。

飛躍の足掛かりを築いたかに見えた前年。しかしこの年の1軍定着はかなわず、出場試合数は半減。軒並み数字を落とした。関本は考えていた。

「自分の成績を見ると、だいたい15安打に1本がホームラン。レギュラーが1年間に150安打だとすれば、この割合で行くと年間10本のホームランを打つことになる。これではホームランバッターではない。ホームランバッターが年間

１５０安打、30本塁打だとすると、５安打に１本の割合でホームランを打たないといけない」

周囲はそれを期待している。でも、自分にそれができるのか。その目標に向かって努力を重ねる用意はある。ひょっとしたら数年後にそうなれる可能性があるのかもしれない。

でも、時間がなかった。この年がプロ7年目。いかに24歳の若虎とはいえ、その挑戦は危険な賭けと言えた。

１５０安打30本、いや、１３０安打20本を目指すのか。それともホームランを捨て、単打に特化するのか。

消化不良のまま迎えた日本シリーズ。勝てば日本一という第7戦で、関本はスタメンに抜擢された。しかし本人の中で、打撃は絶不調に近かった。試合前のフリー打撃でも思ったような打球が飛ばず焦りが募った。

まだ未熟。いや、それでは済まない。勝てば日本一、負ければ敗者。これはチームの生死がかかった大一番である。

不振の中で迎えた五回の第2打席、関本は同級生の濱中のバットを借りて打席に立った。慣れぬ相棒。それでも、このまま打席に立つよりは…。状態がそれほどに悪かった。

バットの重心の位置が違った。グリップを探ると、最も違和感なく触れる場所が、グリップエンドから拳半分と少しの位置にあった。

バットを短く持って打席に立つのは、これが初めてだった。長打はいらない。とにかく塁に出ねば。その一心でコンパクトに振り抜いてはじき返した打球が、左翼後方を襲った。手応えはなかった。

それでも打球は、広い福岡ドームのレフトスタンドへと吸い込まれた。

中洲の焼肉店、2階の座敷。ほろ酔いの関本の両手には、まだその感触が残っていた。

「バットを短く持っても打球は飛ぶ。ヒットを打つことに特化すればホームランは打てなくなるのかと思ってたけど、そうじゃないのかもしれない」

その目は翌年に向かっていた。04年に一、三塁を主戦場に自己最多の110試合に出場した関本は、規定打席こそわずかに届かなかったものの、打率・316をマーク。その後も活躍の場を二塁へと広げながら、チームの貴重な戦力として定着するのである。

「俺はもう二度とこのユニホームを着ることはない。でもお前たちには来年がある。この悔しさを晴らしてくれ。お前たちと一緒に戦えて幸せだった。ありがとう、本当にありがとう…」

この年限りでの勇退が決まっていた星野監督は第7戦の試合後、選手宿舎の一室に選手、関係者を集め、別れの握手を交わした。

その数時間前の出来事を反芻して感極まった関本は、酔い覚ましのウーロン茶を天井に向けてあおると、ほろ酔いのままむせび泣いた。


午前5時。関本は3階へと戻った。そして足元のおぼつかぬ桧山を肩に担ぎながら外に出る。シーズン中の桧山は自己管理が徹底しており、酔い潰れることは一切ない。戦いは終わった。酔っていい、酔いつぶれてもいい――。桧山にとって、すべての猛虎戦士たちにとって、そんな夜だった。

関本と桧山がタクシーへ乗り込んだ。曙の方向に消えるテールランプを見送りながら、私は関本の「読みの確かさ」に驚嘆せずにはいられなかった。

先輩の介抱のため――――。関本が予期していた通りになった。

「なんでなんですか?」徹底して質問攻めをした男

いかなる場面でも「野球の本筋」を体現できる男。関本賢太郎を一言で表すなら、そういう選手であった。

打席ではイニング、状況に加えて相手投手がそれまでに費やした球数や、その対戦における決着球、さらには後に打席に立つ選手の調子、相性、それまでの試合展開と、それにより導かれるであろうその後の展開…。他にもまだまだある。それらの膨大なデータや背景を総合的に判断し、チームが勝つために最善の打撃を心掛ける。

打つべき場面なのか、待つべき場面なのか、1点を取りに行くべき場面なのか、多少のリスクを負ってでも大量点を狙うべき場面なのか。無理を承知で次の塁を狙うべき場面なのか、自重するべき場面なのか。

野球の本筋。つまり「自己犠牲」である。

２００４年から「いぶし銀」としての才能を開花させ始めた関本は、一塁、二塁、三塁と幅広い守備位置でその堅実性を発揮しながら、攻守に不可欠な男としてチーム内での地位を確立していった。

そしてその時期はまさに、岡田彰布が指揮を執った04年から08年まで。この５年間と合致する。

「１軍の監督になった時も何の不安もなかった。また岡田監督の下で野球ができる、と」

岡田は関本がプロ２年目を迎えた１９９８年に２軍助監督（打撃コーチ兼任）に就任。翌99年から02年まで２軍監督を務めた。打つべき場面、待つべき場面…。関本の充実期を支えたあらゆる「べき」は、この時期に培われた野球観が基本となった。

鳴尾浜球場で今でも語り継がれる、２軍のミーティング。岡田は一通りの説明を終えると、必ず選手にこう聞いた。

「分からんかったヤツはおるか？」

手を挙げる選手は常に決まっていた。関本だった。

「分かりません。なんでなんですか?」

分からないことは恥ずかしいことではない。分からないことを分からないままにすることの方がよっぽど恥ずかしい。よく言われる。しかしそれは建前というもので、多くの人間にとって分からないことは恥ずかしい。それが本音である。ましてやここは野球のエリートたちが集う場所。プロ野球界である。

しかし関本には、それが言える勇気と意欲があった。

ボーイズリーグでは橿原コンドル、高校では天理。関本は全国区の名門で野球の英才教育を受け、プロの門を叩いた。それでも分からないことを「分からない」と言える。

「あれはなかなか言えんよ。コイツは伸びると思った」

岡田はその素養と意欲を高く評価し、関本に自らの野球理論を惜しみなく授けたのである。

「あれはなんでなんですか?」

岡田が1軍の監督に就任して以降も、関本の質問は続いた。そして2006年の途中からは、１番赤星とクリーンアップのつなぎ役。２番打者としての地位をほぼ不動のものとした。

「サイン通りにやってくれたらええ」

岡田は言った。それでもその意図が理解できない時は必ず岡田のもとを訪れた。するとそこには必ず、明快な答えがあった。

２０１５年９月。引退を決意した関本はすぐさま、プロ野球人生最大の恩師となった岡田に電話を入れている。

「今季限りで引退します。今まで本当にありがとうございました」

報告を受けた岡田の第一声はこうだった。10分間の会話の中で、何度も言われた。

「えっ？ なんでや？ おい、なんでや？」

分からなければ質問攻め――。最後は関本が答える立場になっていた。

19年間の現役生活で岡田から受けた薫陶の尊さ、そしてその恩を噛み締めながら、関本は何度も手の中の電話を震わせたのだった。

高卒生え抜き野手で初の大台到達

球団史上初。そして2015年現在、その後に続いた選手はいない。つまり球団史上初にして唯一ということになる。

年俸1億円。08年のオフの契約更改。この年、二塁から三塁へと活躍の場を移して136試合に出場した関本の年俸は1億円に達した。阪神の高卒生え抜き野手が一流プレーヤーの証を勝ち取った唯一の例である。

契約更改が報道される際、テレビや新聞では選手の年俸とともに必ず「推定」という言葉が加えられる。選手の年俸は機密事項であり、球団から明かされることはない。稀に選手が自ら明かすケースを除いては、すべて選手の会見での発言をもとに報道陣が推定したものである。

となれば必然、実際の年俸と推定年俸の間に「開き」が発生しているケースがある。新聞に掲載された推定年俸について「大きな開きはない」と答える選手もいれば「そんなにもらっていない」と答える選手もいる。あるいは意味ありげな笑みを浮かべ、実際には推定以上の年俸であることを示唆する選手もいる。

この時、報道各社が推定した関本の年俸は「８５００万円」。実際の年俸とは１５００万円の開きがあった。高卒生え抜き野手で初の大台到達となれば、阪神タイガース中心の関西スポーツメディアの扱い方も大きくなり、関本が一流選手として認知されるきっかけにもなる。

しかし、関本にそんな願望はみじんもなかった。一流の勲章を誇る代わりに、キャンプ前に日頃からサポートを受けている打撃投手、トレーナーら裏方を食事に誘った。そして大台到達の事実を告げた上で、こう言った。

「皆さんのサポートのおかげです。本当にありがとうございました。今シーズンもよろしくお願いします」

高卒野手の台頭。それが思うに任せぬ阪神の現状を、関本は常に気に掛けていた。

「若手のサポートができるなら何でもしてあげたい。とくに高卒野手の不安や悩みはよく分かる。僕も同じ経験をしてきたから…」

自主トレ帯同を志願する若手野手を快く迎え入れ、積極的にサポートした。悩める若虎に攻守両面でアドバイスを送り、練習方法や日頃の健康管理など、それまでの道程で自身が得たノウハウをすべて伝授した。そして若手が公式戦でプロ初安打を放つと、すぐさまベンチを飛び出して記念のボールを確保。試合後は食事に誘って祝福した。

「うまいこと打ったな。でも、ツーアウトやったやろ?あの場面は一塁回って挟まれに行かなアカン。その間に二塁ランナーがホームにかえれるやろ?もしあそこで一塁回ってたら、初安打と初打点が同時についたんやで。今日は大差やったから問題なかったけど、接戦やったら命取りになる時がある。次から気を付けなアカンよ」

岡田野球で学んだ野球の本筋である。若虎たちは生涯忘れ得ぬ一打の感触とともに、さらなる飛躍への貴重な手掛りを得るのであった。

関本のサポートは野手だけにとどまらない。2013年にドラフト1位で藤浪晋太郎が入団。ルーキーイヤーに右腕が腰に疲労が溜まっていることに気付くと自身の行きつけの治療院へと誘った。高卒1年目ながら開幕からローテでフル回転していた右腕。野手と投手の違いこそあれ、慣れぬ環境に不安を抱く藤浪の気持ちは手に取るように分かった。

2015年10月4日、関本の引退セレモニー。関本が一塁ベンチ前でチームメート一人一人と別れの握手を交わした。３年目にして猛虎のエースと呼ばれる右腕へと成長した藤浪は、その列の中で何度も涙を拭った。セレモニー終了後、藤浪はつぶやいた。

「野球でもプライベートでもすごくよくしてもらったので…」

岡田監督が指揮を執った04年から08年までの5年間。それはまさに関本の充実期と言えた。

そして円熟期へ――――。

猛虎に攻守両面で不可欠な存在。その地位はもはや揺るぎようがなかった。しかしその頃、関本は自身のプロ野球人生に茫洋たる疑問を感じ始めていた。

このままでいいのか…FA取得での悩み

間近で見れば人懐っこい顔をしている。しかし、１８６センチ96キロの体躯には迫力があり、一見近寄りがたい男にも見える。

関本賢太郎。阪神についたばかりの担当記者は最初の頃、この男を少し遠巻きに見ながら様子を窺う。とくに若手記者はそうである。ベンチ裏の通路を歩くその表情は見ようによっては怒っているように見える。受け答えもたまにどこかぶっきらぼうな時があり、多くを語らぬままクラブハウスに消えてしまうこともある。

記者嫌いなのか、それとも虫の居所が悪いのか。若手記者たちがその「不機嫌の理由」を知るのは、引退会見が終わった直後のことである。

見掛けに似合わぬ…こう書くと本人は怒るかもしれないが、実際そうである。しかし一度でも関本の心根に触れればよく分かる。優しく、快活で、剽軽で…そのためか、関本の交友関係は驚くほど広い。それは球団内にとどまらず、またプロ野球界にもとどまらない。俳優、歌手、アーティスト…。

いや、それにしてもである。

2010年。そんな知人たちから電話が掛かってくる回数がやけに増えた。先発メンバーとしてチームを支えた充実期が過ぎ、関本は次第に代打や守備固めを主戦場とするようになっていた。慣れぬ働き場所。しかし、それがプレーに影響を与えることはなかった。

一塁、二塁、三塁を自在にこなす堅実無比な守備、勝負強い打撃の上にチーム随一のバント技術を誇った。そしてあらゆる場面でチームが勝つために最善のプレーを選択できる、優れた状況判断能力。それは変わらず猛虎に不可欠な兵器であり、他球団にとっては常に神経を尖らせておかねばならない曲者であった。

「相手から見て鬱陶しい選手」。関本が目指した選手像である。まさにそんな選手だった。

そしてこの年のシーズン中から頻繁に掛かり始めた電話は、その「鬱陶しさ」と無関係ではなかった。

「どう？ 元気？」

知人からの電話である。球界にいくつかの人脈を持つ。会えば挨拶、談笑ぐらいはする。でも、頻繁に連絡を取り合うほどの仲でもない。しかも、要件がどうもはっきりしない。他愛のない会話が続く。そしてその会話が飽和点に達した頃、その知人がこう聞くのだ。

「確か今年FAだったよね？ どうすんの？」

この年の6月、関本は1軍登録日数が8年（1年＝145日）に達し、FA（フリーエージェント）権を取得した。シーズン終了後に権利を行使すれば、獲得に名乗りを上げた他球団との交渉が可能となり、自らの意思で次シーズンにプレーする球団を選ぶことができる。それは長くチームの必要戦力であり続けたことの証でもある。

他にも同様の電話が掛かってくるようになった。関本は気付いた。これはオフの動向を知るためのもの。つまり「探り」であった。ＦＡには厳格な規則があり、権利行使前に他球団が当該選手と接触や交渉を行ったり、獲得意思を示すことが固く禁じられている。よって真正面からその動向を確認することはできない。

しかしそれが球団と無関係の人物となれば当然、その限りではない。

このままでいいのか――。

それはちょうど、関本がその野球人生に茫洋たる疑問を抱き始めた時期でもあった。

チームに不可欠な戦力。しかし一人の野球人として考えた時、いつ訪れるか分からない出場機会のためだけに日々を過ごす自身の在り方には、やはり違和感があった。

試合に出たい、毎日出たい。

そこには野球人なら誰もが抱く、自然な思いがあった。

この年の出場試合数は79。5年ぶりに100試合を切った。そのうち先発出場はわずか8試合。緩やかながらも常に上り坂を歩んでいたプロ野球人生に、突如下り坂を感じた。

まだ32歳。もったいない…そんな声が他球団からも聞こえてきた。

生涯タテジマ宣言、そして〝救急箱の美学〟

どうすれば試合に出られるのか。若手時代の関本はそう考えた。

チーム内の地図をリアルタイムで更新させながら、自身の立ち位置を模索。バントの練習を重ねたのも、二塁守備の練習に重きを置いたのも、すべてその地図が示す地点に向かって歩を進めたものであった。

そしてその都度その場所で出場機会を得た。手の中の地図に裏切られたことは、一度もなかった。

しかし、年齢とキャリア、そして実績を重ねるうちに、気付けばその目的は「試合に出るため」から「チームに足りないものを補うため」へと変わっていた。「自分のため」から「チームのため」へ。言い換えれば、それはチームのために自らの願望を犠牲にすることでもあった。

このままでいいのか――。

ＦＡ権を取得した２０１０年シーズン終了後。関本は公の場から姿を消した。

「誰にも相談せずに決めようと思った。他人の判断で自分の判断を揺るがせたくない。成功しても失敗しても自分の責任。他人の判断で失敗したら、それをどうしても他人のせいにしてしまう」

もしＦＡ権を行使すれば、複数の球団からオファーが舞い込むであろうことを、関本は知っていた。その中には三塁での出場機会を確約した上で獲得に乗り出す球団があることも。

しかし一方で、14年間在籍したタテジマへの愛着もあった。ともにプレーしたチームメート、そして慣れ親しんだ甲子園球場の景色。いかに野球人としての願望を充足させるためとはいえ、そう簡単に別れを告げられるものではない。

「朝起きた時に『生涯阪神で頑張ろう』と思ってる自分がいる。でも次の日の朝に起きると『毎日試合に出たい』と思ってる自分がいる」

心の中に「2人の関本賢太郎」がいた。タテジマを貫きたいという思いと、野球人として新たな挑戦を始めたいという思い。できるものなら両方の道を歩みたい。しかし野球人生は一度しかなく、この体も一つしかない。

決断の時が迫っていた。権利行使には書類提出が必要で、それには期限がある。関本は結論を出せずにいた。

それは、ほんの気晴らしのつもりだった。

自問自答の日々に疲れた関本は、自宅でわが子を呼び寄せた。当時小学2年だった長男。野球を始めたのがこの頃。父の背中を追い始めたばかりだった。

「阪神でたまに試合に出るパパと、他のチームで毎日試合に出るパパと…どっちがいい？」

しばし瞳を巡らせたわが子は、満面に笑みを浮かべると、こう言った。

「阪神で毎日試合に出て欲しい！」

目が痛くなるほど真っ白な言葉が、心の中にいた2人の関本をつないだ。

猛虎に残っても、もう一度もがき苦しめば出場機会を得られる可能性はある。でも他球団でプレーすることを選択すれば、タテジマのユニホームも、チームメートも、甲子園の歓声も、すべて失うことになる。

「14年間の愛着もあったし、日本一のファンがいる。甲子園の打席は何物にも代えられない」

２０１０年11月16日。球団事務所で記者会見を開いた関本は球団の提案通り、ＦＡ権を行使した上で阪神に残留することを発表した。３年契約。これは事実上の「生涯タテジマ宣言」でもあった。

タテジマへの愛着を何度も口にする一方で、こんな思いも口にした。

「チームが望むなら〝救急箱の美学〟を貫く用意もある」

救急箱。関本独特の言い回しである。突然の故障者や編成上の理由によってチームにできた穴を埋める役割を意味する。

その後のプロ野球人生は、まさにその通りになった。時に打者として、時に万能の内野手として、背番号３は最後まで猛虎の傷口を塞ぎ続けたのである。

選手会長・関本の置き土産

体力の限界、気力の衰え。現役生活に別れを告げる選手の多くが口にする。しかしこれは限られた一部の選手の話で、プロ野球選手の大半は、有り余る体力と気力をその体と心に残したまま、強制的に現役生活の続行を断念させられる。

それがプロ野球。いや、すべてのプロスポーツはそういう仕組みの中で、世代交代と淘汰を繰り返している。

この体、この心にもいつか、そういう時が訪れるのだろう。

自らの意思で辞めるのか、それとも辞めさせられるのか――。

自身のプロ野球人生において、それがどうやら前者となるであろうことを関本が悟ったのは、2010年オフのFA残留の時だった。

「プロに入った頃は『結果が出なかったら辞めさせられる』という思い。それが『結果が出なくなったら辞めないといけない』に変わった」

2011年から13年まで。球団は向こう3年間の年俸を保証する形で、それまでの関本の貢献や実績に対する勲章を与えた。そしてそれはすなわち、球団の関本に対する信頼を意味する。

「結果が出なくなったら辞めよう」

信頼は責任を生み、義務を生む。そのことを常に意識しながら、関本はその後のプロ野球人生を歩み続けた

代打での打席を終えると、そのまま守備へ。現役最後まで何度も見られた起用法である。打席での勝負強さに加え、堅実な守備力も兼備する関本は、内野の守備固めとしても高い能力を持つ。

チームが勝利を得るための最善の選択。その信頼に、関本は体を張って応え続けた。

その調整は決して楽ではなかった。試合が始まれば代打での出番に備えて全神経を集中。守備での出番に備えられる時間は試合前にしかない。出番は必ず勝負所で訪れるだけに、精神的な負担も大きい。

日頃の体のケア、周囲への配慮。心の安まる時間はキャリアを重ねれば重ねるほど少なくなっていった。責任と義務。その重さを痛切に感じながら。

「１軍戦力としてベンチにいることは最低条件。でも、それプラス成績、チー

ムへの配慮。そこが伴わなくなったら辞めようと思った」

2012年から13年までの2年間。関本は選手会長を務めた。グラウンドでは攻守に頼れるチームの精神的支柱として、グラウンド外ではフロントと選手をつなぐパイプ役として、選手の環境改善に力を注いだ。

ナイター終了後、甲子園球場のクラブハウスで選手に夕食が用意されるようになったのがこの頃だ。夕食から就寝までの時間を少しでも長く確保することは、選手の内臓に掛かる負担を軽減させ、疲労回復にも好影響を与える。関本が選手会長時代として球団に要望したものである。多額の経費が掛かる。それでも関本は粘り強く交渉を重ねた。

「パフォーマンス向上のためです。ぜひとも実現させて下さい」

関本の〝置き土産〟である。

グラウンド内外での貢献の一方で、関本が自分自身のために費やせる時間は年々少なくなっていった。

2015年の初仕事は開幕2戦目の3月28日。京セラドームの中日戦だった。延長十回、無死満塁の好機に代打で押し出し死球。幸運な形でチームに勝利を呼び込んだ。しかしその後、関本のバットから快音が消えた。

5月までの2カ月間で3安打。持ち前の選球眼で四球を選ぶなど貢献を重ねたが、その頃から関本の体が悲鳴を上げていた。

6月に左わき腹痛で登録抹消。１カ月後に戦線復帰を果たしたが、その１カ月後の８月、今度は右背筋が悲鳴を上げた。

チームが首位争いを繰り広げるなか、２度目の戦線離脱。関本は痛切に感じていた。

「チームに迷惑を掛けている…」

鳴尾浜球場。かつて1軍舞台を夢見て練習に明け暮れたそのグラウンドで、生え抜き最年長野手となった関本はリハビリを重ねていた。同期入団の同学年で、この場所でともに野球漬けの日々を送った濱中治は2軍打撃コーチとして若虎の指導にあたる一方で、焦燥を募らせる関本を心身両面でサポートした。

早く戻らねば…。

打撃練習を再開しても、調子は一向に上向かなかった。連日の特打。隣のケージでは若虎が試行錯誤を繰り返していた。その姿がかつての自分とダブる。何に悩み、何をしようとしているのかが手に取るように分かった。

それでも、自分自身の出口が見えない…。

そんな時、関本は2軍チーフ打撃コーチの八木裕からある助言を受ける。関本が背番号3を着けたのは05年から。その前年まで八木が着けていた番号を受け継いだ。

八木裕。現役時代は「代打の神様」と呼ばれた。試行錯誤の打撃練習を繰り返す若虎が関本にとって「かつての自分」であるならば、八木から見た関本もまた「かつての自分」であった。

「調子が悪くてどうしようもないと感じた時は、思い切って練習をやめてしまえばいい。心と体を一旦リセットして、一からやり直す。そうすることで前に進める時がある…」

9月の始め。関本は1カ月ぶりに1軍に復帰する。一時の不調は跡形もなかった。12打数7安打、打率・583。関本賢太郎が復帰からペナント終了までに残した打撃成績である。

練習をやめることで取り戻せる感覚がある——。

19年間のプロ野球人生で初めて知った。もっと早く気付いていれば、打てたヒットがあったのかもしれない。関本は思った。そして、こうも思った。

「この引き出しでいつか、誰かを救うことができるかもしれない…」

関本の素晴らしい人柄がにじみ出た、引退エピソード

9月28日。甲子園の巨人戦の試合前だった。関本は球団に引退の意思を伝えた。その頃、打棒は好調のさなかにあった。代打の神様復活。周囲はそう感じていた。しかし関本の心に未練はなかった。

「シーズン中に大きな離脱2回。これだけチームに迷惑を掛けた上に、成績も伴わなかった。成績が出なければ引退。それは前から決めていたこと」

驚異的なペースで代打安打を重ねながらも、関本の決意は変わらなかった。好調はいつまでも続かない。それは19年間の経験則であった。

引退の意思を伝え終えると、妻に電話を掛けた。日頃の徹底した体調管理は妻のサポートなしにはあり得なかった。キャンプや遠征で1年の半分以上家を空け

る生活。調子を落とせば気が滅入り、チームの負けが込めば苛立ちが募る。それでもどんな時も愚痴一つ言わず支えてくれた。

「うん、分かった」

妻は平静を装った。労えばこみ上げてしまう思いがあった。年々疲労を蓄積させる関本を、誰よりも間近で見ていた。引退の寂しさよりも、夫がその苦しみから解放されることへの安堵の方が大きかった。

そして甲子園のロッカールーム。関本が真っ先に引退することを伝えたのは福原忍だった。虎風荘時代の部屋は隣同士。どこへ行く時も一緒に出掛けた。今の自宅も徒歩圏内にある。オフには毎年互いの家族同士で旅行に出掛ける。一緒にいても沈黙が苦にならない。先輩であり、兄であり、そして無二の親友でもある。10月4日の引退セレモニーで福原が人目もはばからず号泣した理由が、そこにある。

「ウソ？ ウソやろ？ なぁウソやろ？」

寝耳に水の報告に、福原はただその場に呆然と立ち尽くした。それまで引退を考えていることを、関本は福原にさえ明かしていなかったのだった。

9月30日の引退会見。関本は質問の終わりを待って、集まった報道陣にある事実を打ち明けた。

「今までごめんなさい。とくに若い記者の皆さん、本当は取材に来てくれてうれしかった。でも、言えないことがたくさんあった。1打席、1球で相手を仕留めるのが僕の仕事。だから対戦相手に知られたくなかった。これからはどんどん来て下さい。何でも答えます」

10月2日、神宮球場。ヤクルトが優勝を決めたこの試合で、関本はヤクルトの鉄壁守護神・バーネットから同点適時打を放った。初球を痛烈に中前にはじき返した。それはこの年のペナントでバーネットが初めて許した同点打であった。

「走者が二塁にいる時のバーネットの右打者への初球はほぼ100％外角カットボール。データを見て気付いた。打つならここしかない。一発で仕留めてやろう…その結果です」

ＣＳの終わりを待って明かした。もう対戦することはない。これが関本の現役生活最後の安打となった。

引退セレモニーで息子が流した涙の理由とは

会うのはCS敗退が決まった10月12日の東京ドーム以来だった。10月28日、甲子園球場近くのホテルのラウンジ。半月ぶりに見る関本賢太郎の表情は、元勝負師のそれとは思えぬほど穏やかだった。

「これでよかったんかな。球団からは右の大砲として期待されてたのに、途中からまったく違う方向に行ってしまった。しかも自分で勝手に行ったんやから…」

ひたむきに走り続けたがゆえに気付かないのかもしれない。自らの足跡が猛虎に与えた恩恵の大きさに。猛虎が必要としている選手像を関本は感じ取り、その姿を変えた。それが猛虎にどれほどの勝利をもたらし、どれほどの歓声をもたらしたのか。人が自分の顔を鏡でしか見られないのと同じように、その価値は誰かに伝えられて初めて分かることなのかもしれない。

「関本選手ですよね？」

隣の席にいた男性客が、関本に気付いた。

「握手してもらっていいですか。藤村富美男の時代からの阪神ファンです。あなたにたくさん感動させてもらった。本当にありがとう。お疲れ様でした」

関本賢太郎はこれからこういう日々を過ごしながら、自らの貢献に気付いていくのかもしれない。

「こないだ中1の長男が初めてボーイズリーグの試合に出たんよ。『ボロ負けした』って言うから『相手はどこやったん？』って聞いた。そしたら橿原コンドルやった」

長男のデビュー戦の相手は、くしくも関本が中学時代に所属した強豪チームだった。

10月4日。甲子園球場で行われた引退セレモニー。2人の息子はダイヤモンドの真ん中で待ち受ける父に花束を渡すと、その場で肩を震わせて泣いた。

2人の肩を抱きながら、関本はこう言ったのだという。

「ほら見てみ。プロ野球選手になったら、これだけの人の前で自分のプレーをしないといけない。ファンの人を喜ばせるのも悲しませるのも、全部自分の力。そのことを頭に入れて、これからの練習を頑張りなさい」

初めて見たグラウンドからの景色。この中で19年間も戦い続けた父の偉大さを知り、苦労を知った。2人は泣いた。そのあまりの重みに、泣いたのである。

関本賢太郎。来季はネット裏から、11年ぶりの優勝を目指す猛虎に視線を送る。どんな解説者に——。

朗らかに、それでいてしっかりと前を見据え、関本は言った。

「子どもの頃にテレビで聞いた掛布さん、江川さんの解説は分かりやすかった。クドくなってもいい。とにかく『子どもにもよく分かる解説』。それが理想です」

第6章

現役最後まで失わなかった感覚

谷 佳知

（オリックス―巨人―オリックス）

Yoshitomo Tani

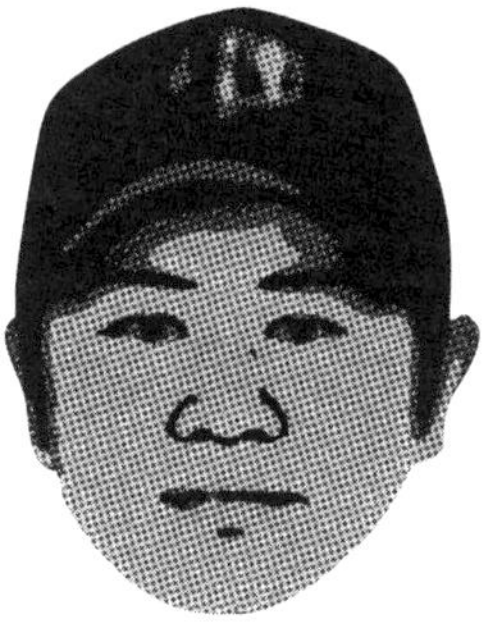

文＝矢崎良一（スポーツライター）

谷 佳知（たに・よしとも）

1973年（昭48）2月9日、大阪府生まれ。尽誠学園高から大阪商業大、三菱自動車岡崎を経て96年ドラフト2位でオリックスに入団。1年目からレギュラー入りし、99年にはベストナイン、01年にはシーズン最多二塁打52本の日本記録を樹立。02年には盗塁王、03年には最多安打のタイトルを獲得したほか、ベストナイン5度、ゴールデンクラブ賞も4度獲得するなど、パ・リーグを代表する一人として活躍した。06年オフにトレードで巨人へ移籍し外野の一角として活躍したが、13年オフに自由契約となり古巣オリックスへ復帰。15年、2000本安打を目前として、19年間の現役生活に別れを告げた。

年度別成績

年度	所属球団	試合	打席	打数	得点	安打	二塁打	三塁打	本塁打	塁打	打点	盗塁	盗塁刺	犠打	犠飛	四球	死球	三振	併殺打	打率	長打率	出塁率
1997	オリックス	101	341	309	36	84	21	4	1	116	33	5	4	4	2	25	1	45	5	.272	.375	.326
1998	オリックス	132	532	476	59	135	19	1	10	186	45	1	3	7	5	41	3	36	11	.284	.391	.341
1999	オリックス	134	594	532	81	155	17	4	11	213	62	24	2	8	4	48	2	40	13	.291	.400	.350
2000	オリックス	134	584	529	78	150	26	3	9	209	73	23	9	1	7	43	4	71	14	.284	.395	.338
2001	オリックス	136	619	547	99	178	52	3	13	275	79	27	7	1	3	65	3	49	15	.325	.503	.398
2002	オリックス	138	579	524	49	171	31	1	5	219	39	41	4	0	4	47	4	44	12	.326	.418	.383
2003	オリックス	137	606	540	86	189	37	1	21	291	92	9	2	0	7	58	1	41	18	.350	.539	.409
2004	オリックス	96	431	378	58	120	27	1	15	194	63	10	4	2	5	44	2	42	11	.317	.513	.387
2005	オリックス	111	461	435	41	108	18	1	6	146	36	3	4	0	0	24	2	48	11	.248	.336	.291
2006	オリックス	118	469	434	45	116	16	0	6	150	30	1	2	0	3	30	2	41	15	.267	.346	.316
2007	読売	141	595	541	63	172	31	0	10	233	53	10	2	20	1	30	3	48	10	.318	.431	.357
2008	読売	120	373	349	33	103	17	0	10	150	45	5	1	6	0	17	1	43	6	.295	.430	.330
2009	読売	101	316	287	35	95	23	1	11	153	48	3	1	3	1	22	3	44	4	.331	.533	.383
2010	読売	84	195	176	16	42	6	0	2	54	10	2	3	4	1	13	1	32	4	.239	.307	.293
2011	読売	83	142	135	9	37	4	1	0	43	7	2	1	1	2	4	0	30	3	.274	.319	.291
2012	読売	89	255	229	19	59	5	0	3	73	22	1	2	11	1	14	0	48	5	.258	.319	.299
2013	読売	13	31	28	2	7	2	0	0	9	1	0	0	1	0	2	0	4	2	.250	.321	.300
2014	オリックス	9	20	16	1	2	2	0	0	4	0	0	0	0	0	3	1	5	0	.125	.250	.300
2015	オリックス	11	32	27	5	5	1	0	0	6	3	0	0	0	0	4	1	2	0	.185	.222	.313
	通算	1888	7175	6492	815	1928	355	21	133	2724	741	167	51	69	46	534	34	713	159	.297	.420	.351

谷佳知という異能のバットマンの存在を多くの人が知るきっかけとなったのは、1996年に開催されたアトランタ五輪。このアトランタ大会はオール・アマチュアの代表チームが出場した最後のオリンピックであり、当時の大学、社会人野球のトッププレーヤーで編成されていた。とくに野手陣は、井口忠仁(資仁 現・ロッテ 当時・青山学院大)、松中信彦(ソフトバンク退団 当時・新日鐵君津)、福留孝介(現・阪神 当時・日本生命)、今岡誠(現・阪神コーチ 当時・東洋大)ら、のちにプロ野球でも一流の実績を残した選手が並び、まさにドリームチームと呼べる陣容だった。そんなメンバーの中で、三菱自動車岡崎に在籍していた谷は打線の中軸、3番を任されていた。

定説を覆したアトランタ代表選手たち

アトランタの銀メダルを手土産に、谷はその年の秋、オリックスを逆指名し、ドラフト2位でプロ入りを果たす。その年から2、3年ほどの間に、この五輪メンバーだけでなく、大学・社会人から潜在能力の高い選手たちが続々とプロ入りし、一つの大きな波となっていく。彼らはそれぞれのチームで中心選手となり、そこから15年以上、日本のプロ野球を引っ張っていくことになる。

「ライバル意識というのは、みんな1軍にいたり2軍にいたり、それぞれ立場が違っていたので、他の人はわかりませんが、僕はあまり感じることはなかったですね。むしろ、アトランタのメンバーも含めて友達がたくさんいたので、プロでも試合に入りやすかったという面はあります。どこの球場に行っても、お互い声を掛けたり、話をすることが出来ましたから」

谷はプロ入り当時を振り返ってそう言う。

いずれにしろ、谷、松中、福留ら五輪メンバーに加え、小笠原道大、和田一浩といった社会人野球出身の打者たちのプロでの活躍は、それまで野球界で呟かれていた一つの定説を覆すことになった。それは、「社会人野球のスラッガーはプロでは通用しない」というもの。

たしかにそれまで、国際大会や都市対抗でホームランを打ちまくり「アマの4番打者」と称されてドラフト指名を受けた社会人野球の長距離打者は何人かいたが、プロで成功した者は意外と少ない。最大の理由は、バットの問題と言われていた。

当時、社会人野球では金属バットが使われており、多少芯を外そうがドアスイングになろうが、ボールを捉えさえすれば打球はいくらでも飛んでいく。この〝金属打ち〟が身体に染みついた選手たちは、プロで木製バットを手にして戸惑い、対応出来ないまま終わってしまう者も多かったのだ。アマチュア時代の肩書きが邪魔をして、技術的にも精神的にも変わることが出来なかったという一面もあっただろう。しかし彼らは、要した時間とバッティングスタイルには個人差があるが、その課題を克服していった。

「みんな入ってからの努力があったから、あそこまで行けたのだと思います。だって、いきなり一年目から活躍していた人ばかりじゃないですから。三冠王を獲った松中にしても、初めの頃はなかなか試合に出ることも出来なかった。ファームで作り直す時間がありましたよね。だからみんな、ちょっと〝遅咲き〟とまでは言えないけど、そういうイメージはあります。ただ、僕はあまりそういう技術的な壁は感じなかったですね。プロで、とくに直すようなところもなくそのままパッと入れたし、試合にも1年目からずっと出させていただいたので。それはそれで、大変さはありましたけどね」

いずれにしろ彼らの台頭で、プロ入り後の努力次第で、それは克服することが出来る課題なのだと認識されるようになった。余談になるが、社会人野球は2005年から木製バットに移行し、こうしたバットの問題はなくなったのだが、皮肉なもので彼らの年代以降、社会人から鳴り物入りでプロ入りし、プロでも中軸を打つような強打者はほとんどいなくなっている。考えようによっては、バットの問題はさほど大きなことではなく、当時の社会人野球が歴代でも指折りの人材を有した時代だったということなのかもしれない。それは偶然かもしれないし、あるいはオリンピックに向けた強化などが生み出した必然という考え方もある。

そして谷にとって極めて幸運な、人との出会いがあった。

「入団した時、当時の監督の仰木（彬）さんが、『（試合に）出すから』と言ってくれたんです。アトランタの試合の映像をずっと見ていたみたいで、それでいけると思ってドラフトで指名してくれたらしいんですけど、『オレが獲ったんだから、絶対に使うよ』という感じでいつも声を掛けてくれて。僕もずっとその気でやってましたね」

どんな良い素材も、旬の時期に使ってもらえなければ次第に錆びていくものだ。あたらしいもの好きで、球界随一のアイデアマンでもある仰木監督という指揮官に恵まれたことが、谷のプロ野球人生における道筋となった。キャンプから1軍に帯同し、開幕こそ2軍で迎えたものの、5月に1軍昇格。外野のポジションを与えられるような形でスタメン起用されることが多かった。そして1年目から準レギュラーとして、100試合を越える出場を果たし、300を越える打席に立った。

谷佳知の打撃を支えた独特の〝感覚〟

新人選手にとって、試合に使われるということは最大級の評価であるが、同時に、使われるということは試されるということでもある。それに対応しうるだけのバッティング技術を、谷は備えていた。技術というよりも、「感覚」と言ったほうがいいかもしれない。

それは、谷のこんな言葉からもわかる。

「僕は小学校の頃から、（バッティングで）タイミングの取り方が変わっていな

2015年07月20日撮影

いんです。構えとかスタンスとかスイングの軌道とか、いわゆる〝形〟の部分は、プロに入って、その都度変えていたんですけど、タイミングの取り方だけはずーっと同じ。これは言葉では上手く説明できないんですけどね、タイミングというのは一つじゃないんです。ピッチャーや、そのボールによって、いろんなタイミングを自分の中で作れるので。それは、いついつ覚えたというよりも、もともと出来ていたことのような気がします」

たしかに谷の打撃フォームは非常に独特だ。とくに体重移動については、「よく、あんな打ち方が出来る」と言う人も多いほど独自のものがある。

谷がプロ入りした当時、メジャーリーグの強打者のバッティングスタイルの影響もあって、ボールを出来る限り手元まで引き付けてきて身体の回転を使って打つ、いわゆる「軸回転」のスイングが主流となっていた。しかし谷は身体（軸）を大きく前に移動させながらボールを捉えにいく。子供の頃から、こうして打っていたという。これは、身長173cmという、プロ野球選手としては小柄な部類に入る谷の体格が関係している。

「僕は身体が小さかったんで、遠くに打球を飛ばすためには、どうしても打席の中で動いて、反動を付けてボールを捉えなくてはいけなかったんです」

谷は自らの打撃フォームのルーツをそう説明する。ただ、大きく動きながら打つということは、その分、ボールを正確に捉えることが難しくなる。だが、その難しい打ち方を可能にさせるだけの、天性のミート力、独特のタイミングの取り方を谷は持っていた。

「小学校で野球を始めた頃から、なぜかボールをミートできたんです。だから小さい頃から、〝打てない〟ということがなかった。どんなタイプのピッチャーにも対応出来るというか、なんとかバットに〝当てる〟ということは出来ていたんで」

そんな言葉をサラッと口にする。その感覚は、小学校から中学校、中学校から高校、高校から大学、社会人と、相対する投手のレベルが上がっても、なんら変わることはなかった。そのまま、プロの世界でもアジャスト出来てしまった。〝天才〟と言ってもいい感性を持った打者なのだ。

「もちろん初めは苦労しますよ。プロに入って、アマチュアと一番違うのは投手のボールのキレなんです。ストレートは一つ上の伸びがあるし、変化球は思ってる以上に曲がってくる。でも、これに対応しないとプロの世界ではやっていけませんから、それはもう、本当に難しいんですけどね。ただ、ボールを捉える感覚は変わらないですね。常に自分主導ですし、相手（投手）を見るのではなくて、自分から仕掛けていくというのが僕のスタイル。それは、引退するまでずっと変わりませんでした。

自分のバッティングフォームというものはあるんですけど、こうなんだと全部の形を固めてしまう必要はなくて、相手のピッチャーによって変えていくということでずっとやってきました。それでこれだけ長い年数（19年）やらせてもらったので、あまりそういうものは変える必要はないんだなと今も思います。だからもし今年やめていなくて、極端な話、50歳くらいまで現役を続けていたとしても、たぶん今と同じ打ち方を続けていたと思いますね（笑）」

そしてプロ野球の世界には、こうしたバッティングの〝天才〟が何人かいるようだ。たとえば最初に入団したオリックスのイチロー。後年、移籍した先の巨人には高橋由伸がいた。それぞれにタイプは違うが、周囲から「天才」と呼ばれる打者たち。彼らとバッティングの話をすることは刺激的だった。

「面白いですね、みんな違うことを考えているので。へぇー、僕はこう思っているのに、この人はこう思ってるんだ、とかね。〝自分のもの〟というのが、人それぞれ違うんです。だから逆にチームとしては良いのだと思います。だって、同じ考え方、同じタイプの打者が並んでしまったら、同じピッチャーにはまってしまうでしょう。タイプの違う打者がいるからこそ、このピッチャーが来たら、この人は抑えられても、この人は打てる、ということになるでしょう。それはやっぱりチームとして勝って行くには必要なことですよね」

谷は愉しげに言う。戦術的な話はともかく、その天才同士の会話で伝えあう〝感覚〟の部分というのは、凡人には理解することが難しいレベルのものだ。今後指導者として、誰かに教えることが出来るものなのだろうか？

「いや、たぶん教えられないですね。タイミングの取り方って、プロの選手に教えるのが一番難しいと思いますから。まあアマチュアの人でも、教えるのは難しいんですけど。自分の感覚の中で、たとえばピッチャーが振りかぶった時にどこでタイミングを取るかというのは、人それぞれ違うんで、それは〝ここで〟とは教えられない。もし教えられるとしたら、こういう軌道でバットを出して行けばいいんじゃないかとか、バットとボールを最短距離で捉えるのにはどういうスイングをしたらいいのかとか、そういうことしかないですよね。タイミングって、本当に感覚的なものなので。

逆に、自分のタイミングを持っている選手がいたら、いろいろ教えられるかもしれないし、向こうも理解できると思います。それは、僕とまったく違う感覚であってもね。基本的には全員が違うものなんです。打席に立って、ピッチャーの見ているところも、みんな聞いたら違うと思いますよ。それに対して、一つの形で〝こうだ〟とは言えないでしょう。

たとえば巨人の長野選手は、僕と同じ右打者で、よく『似ている』と言われることがあります。でも、僕の中では全然違いますね。彼にはパンチ力があります。打球を飛ばす力が凄いんです。だからボールを捉えるポイントも身体に近い。僕があのポイントで打ったら、みんなファールになってしまいます。長野選手の場合は、それが前に飛んで行く。その違いは大きいですよ。その分、身体に近いボール、インコースを捌く技術は僕のほうが少しあるかもしれない。ただ、ボールを捉えるポイントには個人差があるので、それを狂わせるような教え方をしたら、選手はみんな打てなくなってしまいますからね。だから、簡単にアドバイスなんか出来ない。教えられないんです」

さて、話を谷の野球人生に戻そう。プロ入りから4シーズン、2年目のシーズンからはレギュラーとしてほぼフル出場を果たすが、打率は2割8～9分。3割には届かないでいた。ざっと数字を見直せば、3割との差は、ヒット数にしてほんの5～6本。シーズン550～600ほどの打席の中で、1本のヒットはおろか、1個のフォアボールを取るか取らないかで、打率は3割に乗るか2割9分台で終わるかの分かれ目になる。

5年目のシーズン、3割2分5厘を打って、一つの壁を越える。バットマンとしての一つ上のステージに辿り着けた要因を、谷は技術面より、むしろメンタルに見出している。「集中力です。技術的に何か変わったことがあるわけじゃない。プロ野球というのはリーグ戦ですから、負けても次の日にまた試合がある。大差で負けていたりすると、どうしても気持ちが切れた状態で打席に立ってしまう時があるんです。まあ大差で勝っていてもそうですね。要するに、もう完全に勝負が決まってしまった後の試合終盤の打席。全力だけども、集中力が欠けているんです。そのあたりを、自分で変えました。とくに最後の1打席。極端なことを言えば、10―0で回ってきた九回裏の打席でも、集中して立つんです」

なるほど、言わんとするところはわかる。しかし、本当にそんなことが出来るのか？「出来ましたね。3割と2割9分の差って、本当に（ヒット）5本とか10本の世界じゃないですか。それをひしひしと感じましたから。もうちょっとやればる割に行けるな、ということを考えたので。だから、どうしても気持ちが切れてしまいがちな最後の1打席を大事にしようと思って打席に入るようになりましたね。打順が1番を打つことが多かったので、毎日、4打席は基本的に回ってくる。5打席回ってくることもよくあるじゃないですか。打席数が多いと、率って下がってくるものなんです。それは絶対に集中力の問題。だから、その5打席目をすごく大事にしましたね」

そうやって積み重ねた結果がプロ5年目のシーズンからの3年連続3割であり、なかでもその3年目（2003年）のシーズンに残した3割5分のハイアベレージは自身のキャリアハイであり、シーズン189安打で「最多安打」のタイトルも獲得。年齢的にも30歳を越えて脂の乗り切った時期。一気にプロ野球を代表するスラッガーへの仲間入りを果たした。

「プロ野球で何が必要かといったら、やっぱり3割以上という数字だと思うんです。評価されるのはそこじゃないですか。常に3割を打てるかどうか。ずっと2割8分とか9分で終わっていたので、これは何か違うことをやらないとダメだな、今までと同じにシーズンを迎えていたら、また同じ結果になるなと思っていたので、意識を変えた面がありますね。その具体的な形が、そうした終盤の打席での集中力とか、1打席1打席を大事に行くという気持ちだと思います。

そういう意味では、189本を打ったシーズンも、他のシーズンととくに違いはなかったですね。自分の中ではかなり冷静でいますし、その1打席の大切さというのは状況によって変わってくるところがありますけど、気持ちの中に余裕が出来るので、良い集中が出来ているんです。3割ぎりぎりと3割5分では、緊張感が全然違いますよ。3割ちょっとくらいの時って、精神的にきついんですよ。2打席3打席凡退したら、一時的とはいえ3割を切ってしまう。それが3割5分打った時は、自分の中に余裕がかなりあったんで。シーズン終盤になって3割3分くらいから5分まで、打率がどんどん上がって行ったんです。この打率なら絶対に3割切ることはないな、という余裕があったんですね」

当時、同じユニフォームを着て、ごく近くで見ていたイチローは、そういったメンタル面においても〝怪物〟だったという。

「かなり凄いと思います。毎年、あれだけ打つというのは不可能ですから。普通はどこかケガもするだろうし、体調も日々変わるでしょうけど、その辺で打撃の維持が出来るのはやっぱり凄いですよ。この先、あれだけの打者は現れないと思います。彼にはいろいろな打ち方がありました。いろいろあるからこそ、あそこまで出来るのだと思いますけどね。僕にはそこがちょっと少なかったかな、というのは感じますね。彼は全部のコースに対してバットの出し方があったはずですよ。僕も一応あったんです。だけど、それだけでは追い付かない部分がありました」

故障、そして巨人への電撃トレード

順調だった谷の野球人生を大きく変えることになったのは一つのケガだった。

2004年、アテネ五輪。準決勝のオーストラリア戦の九回二死、内野ゴロで一塁を駆け抜けた際に転倒し、右足を負傷する。最終的にこの年も4シーズン連続となる打率3割を記録しているが、この故障のため、オリンピックから帰国後、残る公式戦の欠場を余儀なくされている。

そして翌年以降、レギュラーとして出場しながらも、腰などの故障で打率は2割台に終わる。その後も故障が故障を呼び、成績は下降していく。そんな折り、2006年オフに巨人へのトレード移籍が決まる。当時は「ミスター・オリックス」と呼んでもいい存在だっただけに、衝撃的なトレードでもあった。

「僕にとっては、間違いなくプラスになったと思います。もしあそこでジャイアンツに行っていなかったら、ここまで現役ではやれていないでしょう。野球人生の良い転機だった、という思いが自分にはあります。アテネでケガをしてから、ずっと痛くて、調子も上がらない。成績も伸び悩んでいたんで、なにか払拭というか、気持ちを変えたかった。新しいところに行って、また気持ちを新たにしてやることが出来たので、良かったですね。

〝出された〟とか、そんな気持ちは全然ないです。オリックスで成績を残して、野球選手としての自信は持てるようになりましたけど、変なプライドみたいなものはなかったんです。自分はどこに行っても、自分のやることをやろう、すべてを出し切ろう、という気持ちでプレーしてるだけなんで。まして、行くのがジャイアンツですから。やっぱり満員のお客さんの前でプレーするというのは、気持ちの面で全然違うんですよ。東京ドーム、常に満員でしたから。

じつを言うと、ジャイアンツへの憧れがあったんです。僕、もともとジャイアンツ・ファンだったので。原さんが好きで、子供の頃からずっと応援してましたし、もう、王さん、長嶋さんも大好き。両親が大の巨人ファンだったのでね（笑）。だから、トレードで行かせてもらった時には、本当に嬉しかったです。あのユニフォームを着られるなんて、夢にも思わなかったですから」

移籍1年目のシーズン、谷は「2番・レフト」でフル出場。出場試合数141は自己最多で、打率もチームでトップの3割1分8厘（リーグ3位）を記録。憧れの新天地で復活を果たした。

「セ・リーグとパ・リーグの野球の違いというのは、たしかに感じました。パ・リーグはパワー系のピッチャーが多くて、配球的にも真っ直ぐ主体で来ることが

多かったですけど、セ・リーグは変化球が多くて、きっちりコースを突いてきます。ざっくり言うと、パ・リーグは大雑把に来るけど、力強くて、力対力の勝負という感じ。セ・リーグは繊細で、上手くかわすというのかな。だから、ある程度配球を読んで打席に立たないと、数字は残せないなと思いましたね」

巨人でプレーした7年間の中で、多くのファンを感動させ、今も忘れることが出来ない名シーンがある。２０１０年4月26日の広島戦。練習中に急逝した木村拓也コーチのメモリアルゲームだ。この試合、1点ビハインドの八回裏、一死満塁の場面で代打に起用された谷は、劇的なホームランで、亡き盟友に白星を届けた。

試合後、ヒーローインタビューのお立ち台。谷は在りし日の木村の笑顔を思い、「タクヤとは同級生で、ずっと励まし合いながらやってきて…」と声を詰まらせた。

「友人でしたから…。あの試合は、絶対に勝たなくてはいけないと思っていました。相手の（木村がかつて在籍していた）広島もそういう気持ちだったと思いますけど。先発で試合に出られなかったんですけど、出たら、絶対に打とうという気持ちでいました。

タクヤはアテネでも一緒に戦った仲間ですし、僕がジャイアンツに入って、タクヤもその一年前くらいに移籍してきてたんですけど、ジャイアンツの中のことをいろいろ教えてもらって。新しいチームで、わからないことが多いじゃないですか。それを、こうやればいいよ、ああやればいいよ、って。ずっと仲良くさせてもらっていたし、あいつが現役引退する時も、『どうしよう?』って相談してくれて、結局やめることに決めたんですけど、僕はもっと一緒にやりたかったから、ずっと『現役続けてほしい』って言ってたんですよ。彼がコーチの道を選んだので、ちょっと離れる期間があったんです。選手とコーチって立場が違うんで、ジャイアンツはとくにそういうケジメを大事にするチームなんで、ちょっとしゃべりにくくなってしまって。でも、そういうのも球場の中ではそうだけど、プライベートでは仲良くしてくれって話はずっとしてくれてたんで、一緒にゴルフに行ったり、食事に行ったりとか、結構してたんです。

(亡くなったのは)あまりに突然だったので、びっくりしましたけど…。あの時、ちょうど広島での移動ゲームだったので、彼は家が広島にあるから、先に家に一度帰ってから球場に来ていたんですよ。散髪もしてきたとか話してて。それがあんなことになってしまって…。ちょっと頭が痛いというような話はしていたんですよ。体調が悪かったのかもしれませんし、朝、（起きるのが）早かったというのもね。睡眠不足とか、なりますから。選手からコーチという教える立場になって、野球の環境が変わって、いろんなことを勉強してコーチ業に臨んでいたと思うんですよ。そういうことでも、ストレスが溜まっていたのかな、とか…」

試合後、谷は球場に招かれた木村の家族、とくに愛息の恒希君を抱きしめ、優しく声を掛けた。普段は人の行き来が多く喧噪に包まれる試合後の通路が、この時だけは、取り囲む記者たちも物音を立てるのが憚られるような雰囲気で、神々しいような静寂に包まれていた。

「あの子（恒希君）もずっと野球をやってて。キャッチャーをやってるらしくて、タクヤももともとはキャッチャーをやっていたので、タクヤがよく電話とかで結構厳しく怒ってたんですよ。『こうやらなアカン』とか、指導して（笑）。僕はそれをよく横で聞いていたから、そういうのもあって、子供さんにちょっと声を掛けさせてもらいました。『プロ野球を目指してくれ』ということを言わせてもらったんです」

谷はプロ野球生活における一番の思い出として、アテネ五輪を挙げる。初めてプロ選手だけで代表チームを編成し臨んだオリンピックだった。監督は長嶋茂雄。谷は前年秋のアジア予選から代表入り。強豪米国が予選で敗退したこともあり、本大会では優勝候補の大本命と目されていた。

「ケガというのはありましたけど、僕にとっては、あのアテネ五輪は、プロ野球生活で一番の思い出ですね。長嶋JAPANで行きましたから、絶対に負けられないというか、金メダルしか見えていなかったので。長嶋さんに恥をかかせるわけにはいかない、という気持ちは大きかったです。アテネの本番は倒れてしまって行くことが出来なかったんですが、長嶋さんのために頑張ろう、日本のために頑張ろう、という思いはすごくありました。チームワークという面でも、本当にまとまっていました」

周知の通り、オリンピックを目前に控えた3月、長嶋監督が脳梗塞で倒れ緊急入院。本大会での指揮はヘッドコーチの中畑清が代行することになった。チームは予選リーグを1位で通過するが、準決勝で、予選でも敗れていたオーストラリアと対戦。クリス・オクスプリングとジェフ・ウイリアムス（ともに元阪神）のリレーの前に打線が封じ込まれ0―1の惜敗。金メダルの望みは絶たれたが、翌日の3位決定戦でカナダに勝ち、銅メダルを獲得する。

「オリンピックって、とんでもないプレッシャーを感じる大会なんです。アマチュアで出たアトランタの時は、とにかく銀メダル以上、キューバに勝ちたい、という思いがありました。当時のキューバというのはとんでもなく強かったので、決勝で戦うんだというのが目標。そのためには準決勝に絶対勝って、最低銀メダルを取らなきゃいけない。負けたら日本に帰れないぞ、ということはみんなで言い合っていました。

アテネではそれがプロになって、メダルどころか、金メダルを、それも全勝で優勝しなくてはいけないという。それがものすごいプレッシャーになっていたのは事実ですね。むしろ単純に金メダルだけを目指していたら、普通に勝てていたと思うんです。だけど、本当にみんな全勝でと思って戦っていたので、選手の起用の面だとか、多少の無理があった気がします。そこをオーストラリアに突かれた、という感じですね。北京とか違う大会に行った人の思いはわからないですけど、あの時の僕らの思いは金メダル。全勝金メダル。だから、最後に負けた時の悔しさというのが一番記憶に残っていますね。だから、あのケガは名誉の負傷とは言えません。悔しさだけでした。勝っていたら、みんなで笑って帰国していたと思います」

２０１４年オフ、谷は巨人からの戦力外通告を受ける。そのまま引退すれば、巨人に残り、コーチに就任する道もあったはずだ。しかし、谷は他球団でプレーを続ける道を選択する。

「自分自身、まだまだやれると思っていましたし、２０００本安打という目標もありました。そういう気持ちでずっと野球をやってきていたので、ジャイアンツの選手としては終わっても、まだどこか必要としてくれるチームがあるんじゃないかな、と。まあ悩みましたけど、やっぱり２０００本を目指してやりたいと思いました。そこでオリックスが手を挙げてくれたので、古巣だし、10年間育ててもらった恩も感じていましたから、これは良い機会なんだと考えて移籍を決意したんです。

野球をやるうえでのモチベーションという部分で、オリックスの場合はずっと優勝していないので、同じプロではあるけど気持ちの面で少し欠けているんじゃないかなとずっと思っていました。ジャイアンツの優勝に向かう姿というのは、本当に素晴らしいんですよ。毎年優勝しなきゃいけないチームですから。その辺の意識の部分で、僕はジャイアンツとオリックスしか知りませんが、この二つのチームの間の違いというのを肌で感じているので、それを自分が行って教えてあげるべきだな、と。

でも、実際にオリックスに帰って2年間、あまり1軍にいなかったので、そういう機会が少なかったですね。1軍の選手と2軍の選手では意識が違うんです。2軍の選手というのは自分のこと。とにかく1軍に上がるんだという思いしかないし、その点、1軍の選手は優勝したいという気持ちもあるだろうし、そういうことを僕がいろいろ話が出来たらよかったんですけどね。あまりにも1軍にいる時間が短かったんで。キャンプでも2軍スタートになったりで、そういう話をする機会がなかったという悔いはあります。今後指導者になれば、選手との交流の中で、そういうことを話してあげられる機会も出てくると思います。その時には、自分の考えを伝えてみたいですね」

引退を決意。その時、妻・亮子さんは…

自身の成績プラスアルファの貢献を目指して古巣に帰った谷だったが、移籍した2014年は9試合。そして今年は11試合の出場にとどまり、引退を決意する。

妻である五輪金メダリストの谷亮子が柔道の現役を引退するとき、夫の谷に、「私の分も（現役生活を）頑張って」と言葉を掛けたという。「昔のことなのであまり覚えてはいないのですが」と谷は照れたように言うが、こんな思いを吐露する。

「彼女（亮子夫人）も早い段階で引退しましたから。たぶん悔いはあったと思うんです。競技とは違う方向（政治家に転身）に行くためにやめざるをえなかったのですが、まだ体力的には出来たはずなんです。そんなこともあってか、僕にはいつも『やりたいだけやれば』と言ってくれていたので、それは自分で感謝を感じながらやっていましたね」

引退の決意を伝えた時、亮子夫人は「自分で決めたのなら、それでいいんじゃない。今まで頑張ったんだから、好きなようにして」と労ったという。「彼女も僕がここまで長くやるとは思っていなかったと思います（笑）。僕自身、プロに入った時には、こんなに長く、20年近くもやれるなんて思っていなかったですから。そういう意味では、もう十分にやったと思います。全力でやってきたし、自分の持っているものは全部出せたので、そこは自分で納得しています。一生懸命、この世界で生きてこられたかなと思いますね」

引退という決断を下したものの、自分自身の感覚の中では、限界というよりも、まだやれるという自負を持ってバットを置いたイメージが強い。「正直、まだ実感がないんです。自分の中での区切りはもう付いているんですけど、やろうと思えば全然やれる感じです。来年またキャンプに来いと言われたら行きます（笑）。いつでも出来ると思っていますし、また来年やれと言われても、出来ますよ。まあチームの事情もあると思いますから身を引きましたけど、『やれ』と言われればいつでも、という気持ちです。

感覚というのは常にズレてないので、打てなくなったとか、全然タイミングが取れなくなったとか、そういうことは自分で感じたことがないんです。だから、いつでもやれると思っています。僕自身、衰えというものを感じてやめたわけじゃないんで。そういうものは、あまりないなと思ってました。よくみんな、目の衰えだったり、いろいろ聞くことがありますけど、僕はそれもなかったなぁ。ただ、ちょっとポイントのズレは感じてたかな。自分で振りに行って捉えるところが、芯で捉えているイメージなんですけど、それがちょっと詰まった打球になったりとか。

ただそこは、相手（投手）との関係性もあると思うんです。最近のピッチャー、みんなボールが速いでしょう。昔とは比べものにならないくらい速くなっていますから。そういう影響もあると思う。だからといって、〝打てない〟と思ったことはないですね。大谷翔平（日本ハム）の真っ直ぐでもそうです。これくらいの速さで振らないと追い付かない、というのはわかっていますから」

言葉は矛盾しているが、「まだやれるけど、悔いのない引退」ということになる。

「限界を感じていなかったのでね。まだ走ったりも出来ますし。まあ試合に出る機会がなかった、チャンスがなかった、というのが引退の一番のきっかけかなとは思いますね」

谷は淡々と言った。目標としてきた2000本安打には、惜しくも届くことなくバットを置く。こだわってきたつもりの数字だが、今はとくに引きずる気持ちもない。

「もともと入った時に、2000本なんて、とても考えられないじゃないですか。5年やれるかどうかの世界だと思っていたし、5年もやれたというのが凄いと思うんですよ。入った時の年齢が高かったので（24歳）、本当に出来るかな？と思っていましたから。それを考えたら、2000本近くまで行けたということが、それだけで凄いというか、ここまでやらせてもらったことに感謝しています。

たしかに区切りの良い2000本なんですけど、そこまで届かなかったという気持ちもありますけど、あと72本の難しさというのもわかるんです。プロの世界って、1本がなかなか打てないんですよ。打つのは大変なんです。その中で、2000本近くまで打てたということは誇りに思ってます。

130試合とか140試合出てる時でも、1本の大切さはすごく感じてやっていましたけどね。それが、だんだん代打とかで途中から出ていくようになって、やっぱり難しさはありました。常に1打席の大切さを感じながらやっていたので、レギュラーで出た時の1本も、途中から出た時の1本も、それは変わらないと思います。ただ、途中から出ると1本がなかなか打てないので、さらに価値が高くなるんです（笑）。4打席入って初めて1本2本打てるかの世界なので、1打席勝負でヒットを打つのは僕には難しいというか、まず無理だと思いました。パ・リーグにはDHというのもありますけど、僕は守って初めて打つことに行けるというタイプなんで。だから、代打専門の人とかは凄いなと思いますよ。そんなことを考えると、やっぱり良い引き際だったんだと納得出来ますね」

現役生活19年、通算1928安打、盗塁王（2002年41盗塁）、シーズン52二塁打（2001年日本記録）、ゴールデングラブ賞4回受賞…。プロ野球生活で残してきたいくつもの数字がある。その中で「谷佳知」という選手を一番象徴する数字として、谷自身が評価をしているものはどれなのだろう？

「二塁打ですね。僕はホームランを打てるバッターじゃないんで。1年目も1本くらいしかホームランを打てなかったですし。僕のスタイルとしては、野手の間を抜く選手だと思ってずっとやってきたので、その象徴的な形が二塁打になると思っています。もともと入ってきた時から球場（ほっともっとフィールド神戸）を広く感じていたんで、ここでホームランを打つのはたぶん無理だと思っていました。プロ野球の世界では、ホームランを打つ人、中距離を打つ人、単打を打つ人、あとはバントが得意な人というように、タイプが決まってるものです。僕は中距離打者だと自覚していたので、それを貫こうとずっと思っていました。実際、野手の間を抜いたりとか、右中間左中間に打球が行った時のバットが一番きれいに出ているんですよ。ホームランは本当にイメージ通りなんですけど、自分の打球ではないんですよね。それはすごく感じていて、一番気持ち良く振れるのが右中間左中間に抜ける時の打球なんで。

まあ最初に入ったのがオリックスで、そこのチームカラーがあるので、それにきれいに染まれたなというのは自分の中ではありましたね。役割分担がきれいに出来ている気がしましたから。プロってこういうところなんだな、と感じました。今までは自分のことしか考えていなかったので、役割なんて言われても、よくわからないじゃないですか。打って当たり前なので、ずっと打つことばかりを意識していたんですけど、プロの世界って役割分担があるんだなっていうことをそこで初めて知って、自分はこうやって生きていかないとプロの世界では生き残れないというのを常に感じていました。ホームラン狙いでいっても、この世界では長くは出来ないな、という。だからとにかくセンターに打つとかレフトに打つとか、間を抜いていかなくてはダメだなと打席で思っていましたね」

プロ野球一時代の終焉、そして新たな目標

引退後は指導者の道に進むことを決めている。現役時代から、谷のバッティング理論を崇拝し、アドバイスを求めてくる若手選手は多かった。今後、どこかのチームのコーチに就任することもあるだろう。

「現役時代にやってきたことが、全部指導者をやるための教材のように思えます。それでも、きっとまた一からの勉強になると思っています。自分の持っている技術を教えるのも必要ですし、人から教わったこととか、いろんな良い選手から聞いた話なんかを上手く伝えられればな、と。今の段階では、自分のことは何でも話せるんですけど、現役中は人のことはわからなかったので、これからいろいろ人に話を聞く機会も増やしていきたいですね。教え方もいろいろあると思うんで、選手個人個人にあった教え方をしないと、全体的に教えていくと、育たな

い選手も出てくると思うんです。個人的に、ここはこう、ここはこう、と分けていかないと、成長していくのは難しいかなと思うんですよ」

現在、指導者と一言でいっても、その幅は非常に広い。まず、打撃技術を教える「コーチ」という職域もあれば、チームをトータルでプロデュースする「監督」という立場もある。またプロ野球に関していえば、1軍のトップ選手もいれば、試合に出ていない準レギュラー、控えの選手もいる。その下にファームで1軍を目指す選手がいて、今は育成（3軍）というシステムも確立されつつある。谷が今、視野に入れているのは、どのカテゴリーの、どういった職域なのか？

「まず僕には打撃コーチという仕事が合っているのではないかと思っています。全体的に見るというのは、なかなか難しいんですよ。まだ指導者として何もしていないというのもありますし、個人的に教えるということがやりやすいという感覚があるので、チーム全体に何かを教えていくという形よりも、個人的に誰かを教えて、その選手を良くしていくという仕事のほうが、自分には向いている気がします。それで何年か経って、全体的に見られるようになれば、そこで監督みたいな仕事もやってみたらいいかな、と。もちろん、そんなふうに声を掛けてもらえるようにならなきゃいけないし。ただ、今の段階では、選手個人を見るコーチですね。

それで、プロ野球であれば、3軍に興味があります。成長した選手をさらに成長させるのが1軍のコーチの仕事だし、それはそれで魅力があって、僕はどこにハマってもいいと思っていますけど。プロ野球だけじゃなく、アマチュアとかにも目を向けて、今からプロを目指す選手を指導するようなことも、機会があったらやってみたいんです。僕自身、アマチュア野球で成長させてもらった人間ですから、指導者になっても、プロにこだわる気持ちはなくて、野球界全体が一つ上に上がれるような環境が出来ればなあ、という気持ちがあるんですよ」

指導者という目線で今、野球界全体を見渡して、谷佳知という選手のプレースタイル、そしてキャラクターを、託せる選手はいるのだろうか？

「これから育てていかなくてはいけないと思います。でも、僕が必ず良いというわけでもないですし、もっとそれ以上に行ってほしいので。実際、若い選手の中には、そこそこ走れる選手もいますし、打撃が凄いという選手もいるので、少しでも近付いて、追い越してもらえたら嬉しいなという気持ちはあります。何かしらの目標にしてもらえたら、僕も教える立場としてやりがいがあります。そういう気持ちで選手が来てくれたら嬉しいですね。僕よりももっと高いレベルに行けるような選手が、若い人達の中にたくさんいるんで、そういう選手を教えていけたらと思っています」

小笠原、和田、高橋由伸…どこかで歩調を合わせるように、今年、同世代の選手が次々に引退を発表した。その中の一人として、どんな思いがあるのだろう?

「僕は引退を決めたの早かったんで、先頭切ったので、逆にびっくりしていますね。こんなことになるとは思っていなかったので。時代なのかな、とは感じています。各チームの監督も凄く若返ってきているし、切り替えの時期に来ているんだと思います。若手も育ってきているし、チームによって違いはありますけど、そういう切り替えの時期が、今年だったのかなと思いますね」

社会人野球出身スラッガー、五輪野球、逆指名ドラフト、オリックス黄金時代…今の野球界で忘れられようとしているいくつかのキーワードを持つ谷佳知の引退は、日本プロ野球の世代交代の象徴とも言えるだろう。

執筆者（登場順）〉〉〉

松田裕司

千葉県出身。スポーツライター。出版社勤務を経て、2003年に独立する。野球に限らずスポーツ全般を取材し、その対象人物に寄り添いフォーカスした内容で執筆することを心がけている。学生時代はテニス部に所属。近年は市民ランナーとしてマラソンを趣味とする。

長谷川晶一

東京都出身。早稲田大学卒業後、出版社勤務を経てノンフィクション作家に。『プロ野球、伝説の表と裏―語り継がれる勝負の裏に隠された真実の物語』（主婦の友社）、『私がアイドルだった頃』（草思社）など著書多数。近著に『2009年6月13日からの三沢光晴』（主婦の友社）、『極貧球団　波瀾の福岡ライオンズ』（日刊スポーツ出版社）がある。『マドンナジャパン　絆でつかんだ四連覇～世界最強野球女子』（亜紀書房）など、長年女子野球の取材を精力的に続けている。NPB全てのファンクラブに加入し続け「12球団ファンクラブ評論家®」という肩書きも併せ持つ。

五反田康彦

鹿児島県出身。1995年に加治木高校を卒業し、広島大学へ入学。大学卒業後、中国新聞社に入社。2000年から運動部でサンフレッチェ広島などを担当し、2004年、広島東洋カープの番記者となる。2014年からは中国新聞スポーツ面のカープコラム「球炎」を担当し、日々チームの奮闘を追っている。これまで取材したカープ戦は1000試合近くに上る。2010年には「#（背番号）18マエケン」（ベースボールマガジン社）の取材・構成を担当。

宇佐美圭右

東京都出身。ライター。大学時代から新聞社でアルバイトをしながら、執筆活動を行う。卒業後にデータマンなど下積みを経てフリーランスとして独立。出版社や新聞社などで執筆活動を行っている。

松下雄一郎

兵庫県出身。製薬会社に勤務していたが、生来の虎好きが高じて1998年にデイリースポーツ入社。03年トラ番に転じ、主に藤川球児、金本知憲、下柳剛らを担当した。07年には著書「藤川球児ストレートという名の魔球」（ワニブックス）を出版。トラ番初期は金髪がトレードマークだったが、06年に金本により丸刈り、07年に下柳によりパンチパーマにさせられるなど、トラ番業務のかたわらで「猛虎戦士のおもちゃ」としても機能。11年からは3面連載「松とら屋本舗」を担当。辛口の筆致で阪神球団から“要注意人物”に指定されながらも、2015年11月に奇跡の連載5年目完筆を果たした。

矢崎良一

山梨県出身。フリーライター。出版社勤務を経て、1994年に独立。プロ・アマを問わず野球界を幅広く取材し、ルポルタージュを執筆。『松坂世代』（河出書房新社）、『遊撃手論』（PHP研究所）、『元・巨人』（ザ・マサダ）など、『不惑～桑田・清原と戦った男たち～』（ぴあ）など著書多数。

企画・統括 〉〉〉

津川晋一

愛媛県出身。NHK入局後「ニュース7」「おはよう日本」「サンデースポーツ」のディレクター。1996年にフリー転身。2005年に米国移住し、スポーツ報知とTBSのシアトル・マリナーズ担当としてイチローと城島健司をカバー。文藝春秋『Number』などで連載。第1、2回WBCで世界一の模様を伝えた。帰国後はTBS「バースデイ」「戦力外通告」「プロ野球選手の妻たち」などドキュメンタリーを製作。著書に『月給12万のヒーロー～がんばれ侍ベアーズ』など。

スタッフリスト ››

企画・統括　津川晋一

執　　筆　松田裕司、長谷川晶一、五反田康彦、宇佐美圭右、松下雄一郎、矢崎良一

デザイン　デザイン事務所カンカク

編集補　橋本晃治、重松理恵、中島奈海

制作協力　大石純平、高森博子、菊池夏菜子、黒田聡子

協　　力　中日ドラゴンズ
オリックス・バファローズ
広島東洋カープ
読売巨人軍
阪神タイガース
株式会社デイリースポーツ
株式会社中国新聞社

※本書に掲載したデータは2015年11月現在のものであり、敬称は省略いたしました。

Mirai Kanai

惜別球人

プロ野球 時代を彩った男たち　山本昌　木佐貫洋　東出輝裕　谷繁元信　関本賢太郎　谷佳知

2015年12月5日 第1刷発行

著　者　松田裕司、長谷川晶一、五反田康彦、宇佐美圭右、松下雄一郎、矢崎良一

発行者　津川晋一

発　行　ミライカナイブックス
〒104-0052 東京都中央区月島1-5-1-4307
URL：www.miraikanai.com
Mail：info@miraikanai.com
TEL 03-6326-6113　FAX 03-6369-4350

印刷・製本　シナノ書籍印刷株式会社